V&R

Leben.Lieben.Arbeiten **SYSTEMISCH BERATEN**

Herausgegeben von
Jochen Schweitzer und
Arist von Schlippe

Julika Zwack / Ulrike Bossmann

Wege aus beruflichen Zwickmühlen

Navigieren im Dilemma

Vandenhoeck & Ruprecht

Mit 2 Abbildungen

Bibliografische Information der Deutschen Nationalbibliothek
Die Deutsche Nationalbibliothek verzeichnet diese Publikation in der
Deutschen Nationalbibliografie; detaillierte bibliografische Daten sind
im Internet über http://dnb.d-nb.de abrufbar.

ISBN 978-3-525-40507-9

Weitere Ausgaben und Online-Angebote sind erhältlich unter: www.v-r.de

Umschlagabbildung: alice-photo/shutterstock.com

© 2017, Vandenhoeck & Ruprecht GmbH & Co. KG,
Theaterstraße 13, D-37073 Göttingen /
Vandenhoeck & Ruprecht LLC, Bristol, CT, U.S.A.
www.v-r.de
Alle Rechte vorbehalten. Das Werk und seine Teile sind urheberrechtlich
geschützt. Jede Verwertung in anderen als den gesetzlich zugelassenen Fällen
bedarf der vorherigen schriftlichen Einwilligung des Verlages.
Printed in Germany.

Satz: SchwabScantechnik, Göttingen
Druck und Bindung: ⊕ Hubert & Co GmbH & Co. KG,
Robert-Bosch-Breite 6, D-37079 Göttingen

Gedruckt auf alterungsbeständigem Papier.

Inhalt

Zu dieser Buchreihe 7
Vorwort von Jochen Schweitzer 9

1 Zwickmühlen im Beruf – Innenansichten eines alltäglichen Phänomens 11
2 Man nehme …: Zutaten eines Dilemmas 16
3 Von Dämon zu Dämon – Begegnung im Dilemma 21
4 Die Weisheit zu unterscheiden – Dilemmata von Problemen trennen 26
5 Navigieren im Dilemma: Strategien und Haltungen für einen selbstermächtigenden Umgang mit unlösbaren Aufträgen ... 32
   5.1 Es hört nicht auf – eine Ent-Täuschung zu Beginn 32
   5.2 Zappeln im eigenen Netz – eine Inventur der eigenen Prämissen 36
   5.3 Zappeln im Netz organisationaler Spielregeln – Kultur und Kulturbrüche 38
   5.4 Gefühle als Kompass 42
   5.5 Werte als Kompass 51
   5.6 Selbstmitgefühl – der Umgang mit dem unangenehmen Rest 56
6 Äußere Verortung 63
   6.1 Aktive Entdämonisierung 65
   6.2 Vulnerabilitätsmanagement 66
   6.3 Verantwortung klären und adressieren 67
7 Ein roter Faden durch's Geflecht – Reflexionsetappen im Dilemma 72

8 Fazit: Was bringt's? Chancen der inneren und
   äußeren Verortung 79
   8.1 Das Strukturelle im Persönlichen erkennen und
       sie voneinander trennen 81
   8.2 Die Vorzüge der Unentscheidbarkeit nutzen: entscheiden! 83
   8.3 Ambivalenz mögen – Gefühle aushalten,
       erkunden und nutzen 85
   8.4 Zu guter Letzt – die Dialektik der Dilemmaarbeit 86

9 Literatur 90

10 Danksagung 93

11 Die Autorinnen 94

Zu dieser Buchreihe

Die Reihe »Leben. Lieben. Arbeiten: systemisch beraten« befasst sich mit Herausforderungen menschlicher Existenz und deren Bewältigung. In ihr geht es um Themen, an denen Menschen wachsen oder zerbrechen, zueinanderfinden oder sich entzweien und bei denen Menschen sich gegenseitig unterstützen oder einander das Leben schwer machen können. Manche dieser Herausforderungen (Leben.) haben mit unserer biologischen Existenz, unserem gelebten Leben zu tun, mit Geburt und Tod, Krankheit und Gesundheit, Schicksal und Lebensführung. Andere (Lieben.) haben mit unseren intimen Beziehungen zu tun, mit deren Anfang und deren Ende, mit Liebe und Hass, mit Fürsorge und Vernachlässigung, mit Bindung und Freiheit. Wiederum andere Herausforderungen (Arbeiten.) behandeln planvolle Tätigkeiten, zumeist in Organisationen, wo es um Erwerbsarbeit und ehrenamtliche Arbeit geht, um Struktur und Chaos, um Aufstieg und Abstieg, um Freud und Leid menschlicher Zusammenarbeit in ihren vielen Facetten.

Die Bände dieser Reihe beleuchten anschaulich und kompakt derartige ausgewählte Kontexte, in denen systemische Praxis hilfreich ist. Sie richten sich an Personen, die in ihrer Beratungstätigkeit mit jeweils spezifischen Herausforderungen konfrontiert sind, können aber auch für Betroffene hilfreich sein. Sie bieten Mittel zum Verständnis von Kontexten und geben Werkzeuge zu deren Bearbeitung an die Hand. Sie sind knapp, klar und gut verständlich geschrieben, allgemeine Überlegungen werden mit konkreten Fallbeispielen veranschaulicht und mögliche Wege »vom Problem zu Lösungen« werden skizziert. Auf unter 100 Buchseiten, mit etwas Glück an einem langen Abend oder einem kurzen Wochenende zu lesen, bieten sie zu dem jeweiligen lebensweltlichen Thema einen schnellen Überblick.

Die Buchreihe schließt an unsere Lehrbücher der systemischen Therapie und Beratung an. Unsere Bücher zum systemischen »Grundlagenwissen« (1996/2012) und zum »störungsspezifischen Wissen« (2006) fanden und finden weiterhin einen großen Leserkreis. Die aktuelle Reihe erkundet nun das »kontextspezifische Wissen« der systemischen Beratung. Es passt zu der unendlichen Vielfalt möglicher Kontexte, in denen sich »Leben. Lieben. Arbeiten« vollzieht, dass hier praxisbezogene kritische Analysen gesellschaftlicher Rahmenbedingungen ebenso willkommen sind wie Anregungen für individuelle und für kollektive Lösungswege. Um klinisch relevante Störungen, um systemische Theoriekonzepte und um spezifische beraterische Techniken geht es in diesen Bänden (nur) insoweit, als sie zum Verständnis und zur Bearbeitung der jeweiligen Herausforderungen bedeutsam sind.

Wir laden Sie als Leserin und Leser ein, uns bei diesen Exkursionen zu begleiten.

Jochen Schweitzer und Arist von Schlippe

Vorwort

In diesem Buch geht es um eine den meisten Menschen vertraute Erfahrung: Man kann es sich selbst und anderen nicht immer recht machen, egal was man tut, mitunter sitzt man zwischen allen Stühlen und hat nur die Wahl zwischen Pest und Cholera. Die Engländer haben dafür ein drastisches Sprichwort: »Damned if You do and damned if You don't«.

Umgangssprachlich bezeichnen wir solche Situationen als »Zwickmühlen«: als schwierige, verzwickte Lagen, aus denen es keinen guten Ausweg zu geben scheint. Berufliche Zwickmühlen stehen im Fokus dieses Buches: Wie sie entstehen, wie sie kaum zu vermeiden sind, welche Auswirkungen sie für die in ihnen Gefangenen haben können, wie man sie theoretisch und praktisch verstehen kann, und wie man sie manchmal auflösen oder häufiger einfach nur gut überstehen kann.

Die Autorinnen Julika Zwack und Ulrike Bossmann haben mit dem Thema vielerlei praktische Erfahrungen als Coaches und Psychotherapeutinnen. Darüber hinaus sind sie belesene systemische Organisationstheoretikerinnen. Und sie beforschen ihr Thema in speziellen »Dilemmakompetenz-Seminaren« für mittlere Führungskräfte – bislang in der Elektro- und Metallindustrie, demnächst auch im Gesundheitswesen.

Mittlere (oder »operative«) Führungskräfte sind solche, die an den strategischen Planungen ihrer Firmen nicht direkt beteiligt sind, diese aber gegenüber ihren Mitarbeitern zu vertreten und mit diesen umzusetzen haben. Sie finden sich besonders häufig in »Sandwich-Positionen« wieder, eingeklemmt zwischen den Produktionszielen der Firmenleitung und den Leistungsgrenzen der ihnen zugeordneten Mitarbeiter. In solchen Sandwich-Positionen nicht von widersprüchlichen Anforderungen »aufgefressen« zu werden, gute Laune zu behalten und gesund zu bleiben, ist eine Herausforderung, für die dieses Buch viele Anregungen bietet.

Die Autorinnen setzen dabei nicht auf Tipps, Tricks und Tools, sondern auf kluge und praktische Selbstreflexion entlang von Konzepten der systemischen Organisationstheorie. Diese ergänzen sie durch ein emotionsfokussiertes Achten auf die als Kompass fungierenden Gefühle, durch ein Nachdenken über die eigenen Werte („Wozu stehe ich und wozu nicht?«), auf Selbstmitgefühl und auf den Imperativ, bewusst das zu entscheiden, was sich gar nicht vernünftig entscheiden lässt.

Ich bin überzeugt, dass die Anregungen aus diesem klugen Buch Eingang finden werden in viele professionelle systemische Beratungsprozesse wie auch in viele individuelle, berufsbezogene Selbsthilfeprozesse.

Jochen Schweitzer

1 Zwickmühlen im Beruf –
Innenansichten eines alltäglichen Phänomens

Potenziell grenzenlosen Anforderungen stehen begrenzte Ressourcen gegenüber. Diese Tatsache gilt in unterschiedlichsten Lebensbereichen – in Partnerschaft, Erziehung und so auch im Berufsleben. Die meisten Menschen sind in ihrem beruflichen Alltag in mehr oder weniger regelmäßigen Abständen mit Situationen konfrontiert, in denen gilt: Das, was es bräuchte, was sein müsste, ist nicht zu erbringen oder nur verzögert, unvollkommen bzw. zu hohen Preisen. Häufig sind diese Aufträge verbunden mit dem Erleben von Zwickmühlen: Wie ich mich auch drehe, wende und entscheide – ein richtig befriedigender Ausweg lässt sich nicht finden – dabei braucht es genau diesen so dringend. Stellvertretend für viele stehen die folgenden Beispiele aus dem Alltag einiger Führungskräfte und Mitarbeiter:

»Ich arbeite als Stationsleitung auf einer Intensivstation. Wir betreuen in den letzten Jahren immer mehr Patienten mit immer komplexeren Krankheitsbildern. Die Arbeitsdichte ist immens, der Kostendruck auch. Oberstes Gebot ist derzeit, die Überstunden zu reduzieren, was angesichts des hohen Krankenstands kaum möglich ist. Ein weiteres Dilemma für mich ist es, Leute aus dem ›Frei‹ zu holen, um krankheitsbedingt ausfallende Dienste zu kompensieren. Ich bemühe mich, das möglichst gerecht zu tun, letztlich sind aber nicht alle gleich leistungsfähig. Weil ich weiß, dass einige Kollegen ohnehin schon sehr belastet sind, läuft es doch häufiger auf die Zugpferde hinaus ...

Mir ist klar, dass die früher oder später auch an ihre Grenzen kommen – aber die Dienste müssen irgendwie besetzt werden.«

»Ich arbeite als Abteilungsleitung in der Produktion. In einem meiner Produktionsteams gibt es seit einigen Jahren eine hohe Fluktuation. Darunter leiden die bleibenden Mitarbeiter wie auch die Qualität. Ich denke, die Fluktuation hat vor allem mit dem Führungsstil der Teamleitung zu tun. Er ist sehr engagiert, lange dabei und ohne ihn würde wohl alles zusammenbrechen. Gleichzeitig erlebe ich sein Verhalten gegenüber Kollegen oft als kontrollierend und abwertend. Die Personalsituation in unserem Bereich ist mehr als schwierig, es braucht lange, bis das nötige Know-how aufgebaut ist, und es ist sehr schwer, gute Leute zu finden. Ich brauche die bisherige Teamleitung als Kontinuitätsträger. Wenn ich ihn zu hart anpacke, habe ich Sorge, er fällt mir auch noch aus oder kündigt. Gleichzeitig kann ich es so wie bisher auch nicht laufen lassen.«

»Ich arbeite in einer Entwicklungsabteilung in der Konsumgüterindustrie. Seit zweieinhalb Jahren jagt ein Projekt das nächste, es gibt keine Ruhepausen zwischendrin. Letztes Jahr haben sich mein Mann und ich scheiden lassen. Nun bin ich alleinerziehende Mutter einer elfjährigen Tochter und kümmere mich um alles. Mittlerweile schleppe ich mich durch die Wochen, ich bin ständig müde, kann mich kaum konzentrieren und brauche viel länger für die Aufgaben. Mein Hausarzt hat mir geraten, in eine Klinik zu gehen. Eigentlich würde mir eine Auszeit guttun, andererseits will ich meine Tochter nicht allein und meine Kollegen nicht im Stich lassen. Die sind im Moment alle total am Limit – wenn ich in der heißen Phase des Projekts wegfalle, weiß ich nicht, wie die das schaffen sollen. Außerdem habe ich Angst um meinen Job. Wer weiß, ob die mir das Projektgeschäft noch zutrauen, wenn rauskommt, dass ich wegen einer psychischen Erkrankung in einer Klinik war. Einfach weitermachen wie bisher kann ich aber auch nicht.«

So verschieden die inhaltlichen Fragen in diesen Beispielen sind, so ähnlich ist das innere Erleben. Es ist das Gefühl, sich in einer unlösbaren Situation zu befinden, für die es jedoch unbedingt eine Lösung braucht, das Führungskräfte und Mitarbeiter unterschiedlichster Branchen und Hierarchieebenen miteinander verbindet. Je nachdem, wie existenzbedrohend die Zwickmühle empfunden wird, reicht das emotionale Begleitspektrum von Nervosität, Selbstzweifeln, Wut über Dritte bis hin zur Ohnmacht.

Was kennzeichnet einen guten Umgang mit derlei Zwickmühlen? Was braucht es, um inmitten der angedeuteten Zerreißproben gesund zu bleiben, sich professionelles Sinnerleben und Selbstwirksamkeit immer neu zu erschließen? Wie lassen sich Wege durch und aus beruflichen Zwickmühlen entwickeln? Das vorliegende Büchlein richtet sich an Berater wie Betroffene, die einen Kompass für die Navigation durch den ganz alltäglichen organisationalen Wahnsinn samt seiner unentrinnbaren Dilemmata suchen. Es gibt eher Suchrichtungen als feste Wege vor und unternimmt dennoch den Versuch, Orientierung zu schaffen im Dschungel unmöglicher Aufträge.

Der Kontext

2 Man nehme …: Zutaten eines Dilemmas

Was kennzeichnet ein Dilemma? Ausgangspunkt eines Dilemmas ist stets ein Widerspruch. Das kann der Widerspruch sein zwischen Qualität und Zeit (pünktlich oder gründlich liefern?), ein Spannungsfeld zwischen den eigenen Kräften und privaten Lebensfeldern auf der einen und dem potenziell unendlichen Berg an Aufgaben auf der anderen Seite bzw. für Führungskräfte der Balanceakt zwischen Mitarbeiter- und Aufgabenorientierung (Rücksicht auf Mitarbeiterressourcen oder Zielerreichung?). Auch innerhalb einer Aufgabe können schwer zu vereinende Widersprüche in Form doppelter Mandate aufscheinen: Kontrolliere/sichere und befähige/berate, lautet beispielsweise der spannungsreiche Grundauftrag, mit dem viele Jugendhilfeeinrichtungen, aber auch psychiatrische Kliniken betraut sind. Wirb um eine vertrauensvolle Kundenbeziehung und verkaufe Dinge, die der Kunde nicht braucht – so lautet der Auftrag vieler vertriebsnaher Dienstleister –, reduziere Kosten und liefere den besten Service – so lautet der Auftrag vieler interner Dienstleister. Nicht zuletzt kann sich ein Widerspruch ergeben zwischen Personenlogik (»Ich als ganzer Mensch mit all meinen Wünschen, Talenten und Fähigkeiten«) und Funktionslogik (»Ich als Mitarbeiter in dieser Rolle, zu der jene Aufgaben gehören«).

Organisationen sind um diese Widersprüche herum organisiert. Sie verdanken ihre Entstehung der Tatsache, dass es mit ihrer Hilfe gelingt, links und rechts gleichzeitig zu gehen – wenn auch nicht innerhalb einer Person. Organisationen können also die widersprüchlichsten Dinge tun – und dies gleichzeitig (Simon, 2009). Machbar wird dies für jede Organisation durch funktionale Differenzierung, d. h. die Schaffung unterschiedlicher Segmente, in denen Mitarbeiter unterschiedlichen Funktionslogiken und Erfolgskriterien folgen. Während sich das Controlling um Kostensenkung und -kontrolle kümmert, versucht das Marketing durch die Investition in Werbemaßnahmen neue Absatzmärkte und Kunden zu erschließen. Die Entwicklungsabteilung erforscht zukünftige Neuerungen, die Produktion misst sich an der möglichst effizienten und standardisierten Abwicklung bestehender Aufträge, und die Personalabteilung geht der Frage nach, wie Mitarbeiter gefördert und gesund erhalten werden können.

Vereinfacht lässt sich sagen: Überall da, wo es Abteilungen gibt, gibt es Widersprüche, die innerhalb ein und derselben Person nicht aufgelöst werden können. Könnte ein und dieselbe Person Autos entwickeln und vertreiben, gäbe es nicht zwei Abteilungen, die sich den Teilaufgaben widmen. Könnten Führungskräfte mitarbeiter- und aufgabenbezogene Interessen jederzeit gleichzeitig wahren, gäbe es keinen Betriebsrat. Die Widersprüche sind damit auf unterschiedliche Funktionsbereiche und Rollen verteilt, aber nicht aus der Welt. In Form (mehr oder weniger) »belebender Konflikte« kehren sie zu den beteiligten Individuen zurück.

Ein Pflegekinderdienst ist in zwei Teilteams untergliedert. Teilteam A ist für die Erstvermittlung der Kinder in sogenannte Bereitschaftspflegefamilien zuständig. Teilteam B kümmert sich um die Suche nach und Auswahl von Pflegefamilien, die die Kinder langfristig bei sich aufnehmen. An der Schnittstelle zwischen Team A und B, also vom Übergang von der Bereitschafts- in die Vollzeitpflege kommt es wiederkehrend zu Spannungen: Warum werden die von Team B so sorgfältig ausgesuchten Langzeit-Familien von Team A so rasch (»vorschnell«) als »ungenügend« bewertet? Warum werden umgekehrt die Kinder, für die Team A Familien sucht, von Team B so rasch als »nicht zumutbar für Familie X« aussortiert?

Aus der Perspektive der funktionalen Differenzierung lässt sich vermuten: Teilteam A und B gibt es überhaupt nur deshalb, weil es innerhalb einer Person nicht möglich ist, gleichzeitig und gleichermaßen die Interessen zukünftiger Pflegeeltern, Bereitschaftspflegender, leiblicher Eltern und zu vermittelnder Kinder maximal zu berücksichtigen. Die Organisation löst die mit dieser Aufgabe verbundenen Widersprüche damit, dass sie zwei Teilteams mit unterschiedlichen Schwerpunkten einsetzt. Die mit der Aufgabe verbundenen Widersprüche und Unvereinbarkeiten schafft sie damit aber nicht aus der Welt. Sie bleiben als immer neue Herausforderung an die Aushandlungs- und Gesprächskompetenzen der Mitarbeiter beider Teilteams bestehen.

»Wenn es keinen logisch unentscheidbaren Dauerkonflikt gäbe, brauchte man auch keine Organisation«, schreibt Simon (2013, S. 29). Ein Widerspruch, eine zeitgleich nicht zu vereinende Polarität, gehört damit zu den Ausgangsbedingungen jeder Organisation und erklärt, warum Dilemmata in Organisationen wahrscheinlich sind.

Damit die Widersprüchlichkeit zur Zwickmühle wird, braucht es neben dem Widerspruch zusätzlich die innere und/oder äußere Forderung, beiden Polen des Dilemmas *gleichzeitig* gerecht zu werden. Erst dieser Anspruch macht aus einem Entscheidungskonflikt ein Dilemma. Gehe rechts und links *gleichzeitig*, so lautet der innere und oft auch äußere Imperativ, der sich allerdings hinter rhetorisch geschickteren Formulierungen verbirgt. So berichtet ein Vertriebsleiter lächelnd: »Wenn mich ein Mitarbeiter fragt, was ist wichtiger, Umsatz oder Gewinn, erscheint mir das wie ein Rennfahrer, der fragt, ob er schnell fahren oder ankommen soll. Natürlich beides.«[1]

---

[1] Natürlich sind Situationen denkbar, in denen ein hoher Umsatz mit einem hohen Gewinn einhergeht. Dies ist jedoch nicht zwangsläufig der Fall. Verkaufe ich als Vertriebsmitarbeiter beispielsweise eine Sondermaschine an den Kunden, so fördere ich damit in aller Regel den Umsatz. Müssen dafür jedoch aufwendige Werkzeuge hergestellt, Planungen erstellt oder Umrüstzeiten in der Produktion einkalkuliert werden, kann dies den Gewinn erheblich schmälern.

Auch organisationale Leitbilder enthalten nicht selten die Aufforderung, allem und allen gleichzeitig gerecht zu werden. Wirtschaftliche und kundenbezogene Vorgaben stehen hier oft gleichberechtigt neben sozialen und ökologischen Zielen. In einer konkreten Entscheidungssituation können sich diese Ziele durchaus widersprechen. Die wenigsten Unternehmensleitbilder halten für diesen Fall Priorisierungshilfen bereit – »Für den Fall, dass sich ökologischer Anspruch und Kosteneffizienz widersprechen sollten, wählen Sie bitte X« – und tragen so ungewollt zu einer Intensivierung von Wertekonflikten bei.

Nicht nur die äußeren Forderungen, auch die persönlichen Prämissen, die hinter dem Anspruch stehen, rechts und links gleichzeitig zu gehen, sind häufig überzeugend: »Wenn ich das nicht gelöst kriege, bin ich weg vom Fenster«, oder auch: »Andere kriegen es doch auch immer irgendwie hin.«

Zu den treibenden Kräften innerer und äußerer Imperative gehört sicherlich die unserem Wirtschaftssystem inhärente Beschleunigungslogik (Rosa, 2005). Zeit ist Geld und Zeitdruck ein universeller Verschärfer vieler organisationaler Spannungsfelder. Wo ein »Später« oder »Nacheinander« nicht möglich scheint, intensivieren sich Konflikte aus Ressourcenknappheit und eskalierenden Anforderungen. Die dem wachsenden Zeitdruck geschuldete Forderung, grundlegende Widersprüche zeitgleich zu berücksichtigen, macht aus den in der Organisation angelegten Paradoxien individuelle Dilemmata.

Einen weiteren Nährboden hierfür bilden moderne Steuerungsformen. Krause, Dorsemagen, Stadlinger und Baeriswyl (2012)

Ähnlich wie ein Rennfahrer in kritischen Momenten entscheiden muss, ob er das Risiko erhöht (»schneller fahren – mit dem erhöhten Risiko, nicht anzukommen«), muss ein Vertriebsmitarbeiter in einer solchen Situation entscheiden, wie viel »Sonder-« noch gewinnträchtig für das Unternehmen ist bzw. wie hoch der Preis für die Maschine sein darf, damit der Kunde nicht aussteigt (und damit weder Umsatz noch Gewinn generiert wird).

beschreiben das Prinzip der indirekten Steuerung, deren wesentliches Kennzeichen ist, dass Mitarbeiter nicht mehr nur für die Erbringung ihrer fachlichen Arbeit zuständig sind, sondern auch dafür, dass sich ihre Arbeit für das Unternehmen rentiert (»Die Produktivitätsquote müssen wir um fünf Prozent steigern, sonst droht die Verlagerung unseres Standorts nach Osteuropa«). Immer hochwertigere Produkte in immer kürzerer Zeit immer billiger auf den Markt bringen, Menschen mit immer komplexeren Krankheiten mit immer weniger Personal adäquat und »rentabel« versorgen, immer haltlosere Familien und Jugendliche mit eng begrenzten Mitteln kontrollieren und stabilisieren – die Grundforderung »Mach das Unmögliche möglich« hat Hochkonjunktur in allen Bereichen.

So klar die Zielsetzung, so offen bleibt dabei in vielen Fällen, *wie* diese zu realisieren sei, oder auch, wann Schluss ist bzw. wie eine Führungskraft/ein Mitarbeiter im Falle von widersprüchlichen Zielen oder Aufgaben entscheiden soll. Aus einem Mehr an Selbstbestimmung (»Entscheiden Sie selbst, wie Sie vorgehen wollen«) kann dann die individuelle Verantwortungszuschreibung für eine unlösbare Aufgabe werden (»Das müssen *Sie* irgendwie hinbekommen«).

Auf den Punkt gebracht

1. Widersprüche sind in jeder Organisation angelegt und können durch Zeitdruck, Ressourcenknappheit, persönliche oder organisationskulturelle Prämissen verschärft werden.
    - Was sind die zentralen Widersprüche und Unvereinbarkeiten meines Aufgabenbereichs?
    - Welche expliziten und impliziten Aufträge und Erfolgskriterien gibt es?[2]

---

2 Ein nützliches Verfahren zur Bewusstmachung äußerer und innerer Auftraggeber haben von Schlippe und Schweitzer (2017) mit ihrem Auftragskarussell entwickelt.

2. Zu den Kernmerkmalen eines Dilemmas gehört der explizite und/
   oder implizite Auftrag, rechts und links gleichzeitig zu gehen.
   Während dies für die Organisation als Ganzes durch Rollen- und
   Arbeitsteilung möglich ist, ist der Einzelne an die Grenzen von
   Raum und Zeit gebunden.
   - Wo erlege ich mir selbst auf, Unmögliches möglich zu machen?
   - Wo und wie wird dies von außen an mich herangetragen?

3 Von Dämon zu Dämon – Begegnung im Dilemma

> »Die Angst um sich lässt unbewusst
> eine Sehnsucht nach dem Feind erwachen.«
> *Byung-Chul Han (2016, S. 23)*

> »Früher war es so: Es gab zehn Personen,
> bei denen war ich mir nicht sicher, ob ich ihnen
> trauen kann. Heute ist die Frage, welchen zehn
> ich überhaupt noch trauen kann.«
> *Abteilungsleiter*

Zu wem werden wir, wenn wir Dilemmata wiederkehrend und unreflektiert ausgesetzt sind? Wie wirken Dilemmata auf unsere Selbststeuerung und zu welcher Art des Miteinanders laden die nicht auflösbaren Spannungsfelder ein?

Aktionismus, Selbstverausgabung und Ohnmachtsgefühle sind naheliegende Reaktionen auf die Aufforderung, rechts und links gleichzeitig zu gehen. Da ist der Anspruch, *Selbst- und Fremderwartungen um jeden Preis erfüllen* zu wollen (»Ich habe Ja gesagt zu dem Job und den Zielen, also muss ich die Suppe jetzt auch selbst auslöffeln, auch wenn ich nicht weiß, wie«), begleitet von *wachsender*

Frustration über das Ungleichgewicht aus Einsatz und Ergebnis (»Egal, wie sehr ich mich bemühe, es wird nie richtig gut«).

Bei dem Versuch, das scheinbar Unmögliche doch noch möglich zu machen, werden hektisch E-Mails verfasst, Arbeitszeiten ausgedehnt oder umgestellt (beliebt ist beispielsweise ein früherer Beginn: »Ich komme jetzt immer schon um sechs Uhr, da kann ich in Ruhe arbeiten«). Ab und an umgehen Mitarbeitende auch Vorschriften oder versuchen, Reserven zu mobilisieren, die das Problem lösen. Ebenfalls naheliegend ist das anhaltende Pendeln zwischen all diesen Optionen (»heute kämpfen, morgen resignieren, übermorgen wieder kämpfen etc.«).

Weil alle diese Lösungsversuche in dilemmatischen Situationen nicht aufgehen *können*, nehmen mittelfristig negative Emotionen überhand. Dies hat Auswirkungen auf das Miteinander – auch hier finden sich Lösungsversuche, die ungewollt zu einer Verschärfung der Belastung beitragen.

Zu den verbreiteten interpersonellen Ventilen im Umgang mit Zwickmühlen gehören *Personalisierung* und *Polarisierung.* Im Mittelpunkt der Personalisierung steht die Neigung, *aus einer kollektiven Überforderung* (»Keiner weiß im Moment, wie das Betriebsergebnis noch zu retten ist«) *ein individuelles Versagen zu machen* (»Wenn der Vertrieb nicht so unfähig wäre …«). Schuld am Missstand sind die anderen: »die da oben«, »die da unten«, die Nachbarabteilung, »die nur an sich denkt«, oder auch Kollege Müller, »der einfach nicht versteht, worum es geht«. Die aus der Außenperspektive gut wahrnehmbaren Konsequenzen dieses Lösungsversuchs sind unzählige Konflikte auf unzähligen Nebenbühnen. Man liefert sich die Schlacht auf einem Feld, auf dem sie gewinnbar scheint. Ob dies das Feld ist, um das es geht, ist eine andere Frage. In jedem Fall kostet die Schlacht erhebliche Kräfte.

Auf einer neonatologischen Intensivstation werden Zwillinge versorgt, die in der 29. Schwangerschaftswoche per Notkaiserschnitt entbunden wurden. Beide Kinder entwickeln Hirnblutungen, die schwere körperliche und geistige Behinderungen nach sich ziehen. Die Eltern kommen regelmäßig auf die Station, haben aber schon ein fünfjähriges Kind, das sie nicht vernachlässigen wollen. Im Zuge der Behandlung kommt es zum Streit zwischen der Pflege und den Eltern der Kinder bzw. zwischen der Klinikseelsorge und den Pflegekräften. Die Pflege wirft den Eltern vor, sich nicht genug um ihre Kinder zu kümmern, die Eltern fühlen sich gegängelt und verunsichert (»Jede Schwester schaut uns über die Schulter«). Die Pflege selbst sieht sich angesichts der hohen Arbeitsbelastung derzeit ebenfalls nicht in der Lage, die Kinder hinreichend zu versorgen – auch wenn dies der offizielle Versorgungsauftrag vorsieht. Der Klinikseelsorger beschreibt die Eltern als gehetzt, verunsichert und traumatisiert. Er will ihnen den Rücken dabei stärken, ihre Anwesenheit in der Klinik selbst zu bestimmen. Gleichzeitig will er es sich aber auch nicht mit den Pflegekräften verscherzen und pendelt daher zwischen Rückzug und Vorwurf.

Das Dämonisierungskarussell dreht sich (»die verantwortungslosen Eltern, die übergriffige Pflege, der ignorante Seelsorger«) – und alle Beteiligten leiden. Hat die Drehzahl ein gewisses Momentum erreicht, ist die *Polarisierung* nicht weit. Sie manifestiert sich in *Abgrenzungskämpfen um (Nicht-)Zuständigkeit*. Die funktionale Differenzierung wird extremisiert. Statt sich der Frage auszusetzen »Wie meistern wir *gemeinsam* so menschenwürdig wie möglich diese Grenzerfahrung und die mit ihr verbundenen unentrinnbaren Spannungsfelder?« wird die (Er-)Lösung in maximaler Arbeitsteilung gesucht. Die Seelsorge fokussiert das Trauma der Eltern, die Pflege sichert die Sauerstoffzufuhr der Kinder, die Eltern sollen anderweitige Versorgungs-

bzw. Aufsichtsaufgaben übernehmen. Dass dies nicht gelingt, nicht gelingen kann, verschärft das Unbehagen aller Beteiligten. Es droht ein kräftezehrender Kreislauf aus vermuteter und ausgesprochener Abwertung, Rückzug und Anklage.

Welche Funktion erfüllt diese Dämonisierung des anderen? Neben der persönlichen Entlastung (»Es ist nicht mein Versagen«) ermöglicht sie auch, an der generellen Lösbarkeit der Situation festzuhalten (»Wenn X nicht wäre, wie er/sie ist/sind, hätten wir kein Problem«). In vielen Situationen scheint dies weniger angsteinflößend, weniger schmerzhaft oder bedrohlich als die Konfrontation mit der tatsächlichen Ungewissheit, Überforderung und vielleicht auch Unlösbarkeit der Situation.

Die beiden Grundmechanismen Personalisierung und Polarisierung kanalisieren Druck und Überforderung. Sie gehen einher mit einer Reihe weiterer Lösungsversuche mit toxischen Auswirkungen. Da ist zum einen die *kommunikative Verknappung,* die nicht zuletzt auch eine naheliegende Antwort auf zunehmende Arbeitsdichte und Zeitnot ist (vgl. auch Zwack, Növt u. Schweitzer, 2009). Man spart sich das direkte Gespräch, die wirklich offene Nachfrage oder den hartnäckigen Klärungsversuch. Stattdessen explodieren Formen des »Unternehmenstheaters«, wie Lars Vollmer (2016) die Ausbreitung nicht wertschöpfender Kommunikationsrituale nennt. Meetings, in denen nichts Wesentliches besprochen wird, Berichte, in denen auf vielen Seiten wenig gesagt wird oder Versprechens-/Versicherungslyrik dominiert, Mitarbeitergespräche, die als Pflichtübung abgehalten werden, Budgetverhandlungen, in denen nicht echte Bedarfe, sondern Erwartungs-Erwartungen verhandelt werden (»Weil ich denke, dass du mich ohnehin über den Tisch ziehst, steige ich gleich mal höher ein« – und vice versa) – last but not least E-Mail-Fluten, die mehr der Absicherung als der Begegnung dienen. Der wuchernden formellen Kommunikation steht ein Schwund an unmittelbarem, durchaus auch kritischem *Dialog* entgegen. So bringt es ein Bereichsleiter in einem Maschinenbauunternehmen auf den Punkt: »Beim Tatort stehen die Streithähne immer zusammen an der Wurstbude und werden sich einig. Uns fehlt eine positive Streitkultur. Früher hat man sich mal angeschrien und das war am nächsten Tag vergessen. Das geht heute nicht mehr.«

Ein weiterer Bewältigungsversuch sticht ins Auge. Es ist der Gebrauch von »Schachmatt-Sätzen«, deren wesentliche Funktion darin besteht, Kommunikation abzubrechen bzw. abzukürzen. Je nach Unternehmenskultur handelt es sich dabei um Sätze wie:

- »Sie müssen halt Prioritäten setzen/auch mal was abgeben/sich besser organisieren.«
- »Das haben wir damals so entschieden.« Oder auch: »Das hat strategische Bedeutung.«
- »Wenn Sie das nicht schaffen, müssen wir uns jemand anderen suchen bzw. sind Sie der/die Falsche für diesen Job.«

Das Vergiftungspotenzial dieser Sätze liegt darin, dass durch sie eine echte Auseinandersetzung vermieden wird. Unbestritten ist, dass sich der eine oder andere durch klarere Prioritäten, mehr Delegation oder bessere Selbstorganisation optimieren kann. Unbestritten ist auch, dass einmal getroffene Entscheidungen nicht leichtfertig über den Haufen geworfen werden sollten und manchmal der/die Falsche am richtigen Platz sitzt.

Werden derartige Sätze jedoch benutzt, um Dilemmata, unlösbaren Aufträgen und schwer zu beantwortenden Fragen aus dem Weg zu gehen, schwächen sie die Organisation. Wer sich dem Schachmatt-Satz fügt, sorgt kurzfristig für Frieden und Sicherheit. Ob dies auch mittel- und langfristig der Aufgabenbewältigung dient, darf zumindest ab und an bezweifelt werden.

Auf den Punkt gebracht

1. Die Unauflösbarkeit des Dilemmas kreiert Druck, der nach Ventilen sucht. Die dabei entstehenden Kommunikationen münden häufig in interaktionale Abwärtsspiralen.
2. Diese erhöhen den Stress aller Beteiligten weiter und verkleinern den Kommunikationsraum rund um essenzielle organisationale Fragen. Das Paradox, dass alle alles und mehr geben und dennoch immer weniger Land sehen, wird verstehbarer.

4 Die Weisheit zu unterscheiden – Dilemmata von Problemen trennen

Auch wenn viele Entscheidungssituationen im Berufsalltag mit Ambivalenz verbunden sind, mündet längst nicht jede in eine Zwickmühle.

Zum Wesen des Dilemmas gehört die Aufforderung, gleichzeitig mindestens zwei widersprüchliche Erwartungen zu erfüllen, *die sich wechselseitig bedingen*. Die Entscheidung für die eine Seite des Dilemmas verschärft deshalb stets die Notwendigkeit, sich für die andere Seite zu entscheiden: Wird der Qualität der Vorrang gegeben, wächst der Zeitdruck, wurden die eigenen Belastungsgrenzen oder die der Mitarbeiter zugunsten der Aufgabenbewältigung überschritten, wächst die Notwendigkeit der Regeneration – und umgekehrt. Wie auf einer Wippe gilt: Je weiter ich nach rechts gehe, umso weiter muss ich rasch wieder nach links hüpfen, soll die Wippe nicht abstürzen. Egal, wie die Entscheidung ausfällt, es gibt immer einen unbedingt notwendigen Teil, der unbefriedigt bleibt. Die innerliche und/oder äußerliche Oszillation zwischen den Optionen ist deshalb ein naheliegender und ab und an erschöpfender Versuch, nicht abzustürzen.

In Beratungssituationen manifestiert sich die Dynamik einer Dilemmasituation oft in einer Mischung aus Ohnmacht und Ratlosigkeit, gepaart mit hohem Entscheidungs- und Handlungsdruck. Auf jeden erarbeiteten Lösungsansatz folgt ein »Ja, aber…« oder ein »Das geht nicht, weil…«. Jede Pro- und Kontra-Liste führt unter dem Strich zu einem 50:50-Ergebnis – und dennoch, es braucht die richtige Entscheidung, den eindeutig guten Ausweg. Der unausgesprochene Appell an den Berater bzw. die Beraterin lautet: Hilf mir, eine Lösung zu finden, die es nicht gibt bzw. an die ich nicht glaube.

Schmid und Jäger haben bereits 1986 in ihrem Dilemmazirkel auf diese prototypische Dynamik hingewiesen. Betroffene pendeln zwischen dem *Kampf* gegen die Situation (»Es muss eine Lösung geben«, »Wir sollten dringend …« – Schmid nennt dies »*Strampeln*«), der *Resignation* (»Es hat alles keinen Sinn«, »Ich kann nicht mehr«), dem Versuch, die Situation zu *vermeiden* (z. B. durch innere Hoffnungsdiskurse á la »Das wird schon wieder« oder innere Beschwichtigungsversuche: »So schlimm ist es auch nicht«) und dem Zustand der *Verzweiflung*. Da Verzweiflung und Zerrissenheit extrem aversiv sind, ist es eine Frage der Zeit, bis die/der Betroffene wieder beginnt zu strampeln. Und der Berater strampelt mit (»Haben Sie X schon probiert?« »Sie müssen einsehen/akzeptieren, dass …«) – so lange bis auch hier sich Resignation (»hoffnungsloser Fall«), Vermeidung und Verzweiflung (»Vielleicht gibt es tatsächlich keinen Weg raus?«) breit machen.

Wie Schmid (2008) beziehungsweise Schmid und Jäger (1986) herausarbeiten, ist Verzweiflung, die sich über kurz oder lang immer auch auf den Berater überträgt, diagnostisch hochrelevant. Sie hilft dabei, ein bislang als lösbares Problem behandeltes Phänomen als Dilemma zu enttarnen, und legt Berater wie Klient damit andere Such- und Erfolgskriterien nahe. Es ist die gemeinsam ausgehaltene Verzweiflung an der Unlösbarkeit des Dilemmas, die es ermöglicht, wirklich Abschied zu nehmen vom Versuch, das Unmögliche möglich zu machen. Bewusst wahr- und angenommene Verzweiflung ist damit bereits ein Tor zum Ausweg aus dem Dilemma: Die Abkehr von der *richtigen* hin zur *persönlich verantworteten Entscheidung.*

Die systemische Beratung

5 Navigieren im Dilemma: Strategien und Haltungen für einen selbstermächtigenden Umgang mit unlösbaren Aufträgen

Die in den vorausgegangenen Kapiteln skizzierten Dynamiken als verstehbare Lösungsversuche mit unguten Auswirkungen zu durchschauen, ist ein erster Schritt zu ihrer Unterbrechung. Darüber hinaus haben sich eine Reihe weiterer Perspektiven als hilfreich für die Positionsbestimmung im Dilemma erwiesen. Kapitel 5.1 bis 5.6 beschreiben Facetten der inneren Verortung, Kapitel 6 widmet sich Fragen der Positionierung im Außen. Die hier sequenziell vorgestellten Zugänge sind in der Praxis natürlich eng miteinander verbunden.

5.1 Es hört nicht auf – eine Ent-Täuschung zu Beginn

Wenn unauflösbare Konfliktspannungen im Zentrum jeder Organisation stehen, ist deren Auflösung kein hilfreicher Selbstanspruch. Für den kraftvollen Umgang mit Dilemmata gilt daher: Im Dilemma gibt es keine *Lösung* – nur einen mehr oder weniger bewusst eingenommenen *Standpunkt*. Wer sich von der Hoffnung auf ein Ende der Konfliktspannung leiten lässt (»Endlich mal Ruhe an der Front«; »Wenn ich es richtig anpacke, gibt es die optimale Lösung«), wird enttäuscht – und vielleicht auch eher der Verführung zur Polarisierung und Dämonisierung erliegen. Hilfreicher kann es sein, die Positionierung in unausweichlichen Spannungsfeldern als eigenes »Kerngeschäft« zu begreifen, das einen nicht von der Arbeit *abhält*, nicht die Arbeit *behindert*, sondern ganz wesentlich die Arbeit *ausmacht*.

Der Physiker und Erkenntnistheoretiker Heinz von Foerster hat die für dieses Kerngeschäft äußerst nützliche Unterscheidung zwischen entscheidbaren und unentscheidbaren Fragen eingeführt. Während es für »entscheidbare« Fragen objektive Kriterien für richtig/wahr bzw. falsch/unwahr gibt (z. B. Wie viel ist 2 + 2?), gilt für die

»unentscheidbaren« Fragen: Sie müssen *entschieden* werden. Gerade weil sie nicht in einem objektiv richtigen Sinne *be*antwortet werden können, muss die Antwort auf sie persönlich *ver*antwortet werden (von Foerster u. Pörksen, 2003, S. 158). Führungskräfte sind in Organisationen vorrangig dazu da, im Foerster'schen Sinne »Unentscheidbares« zu entscheiden, d. h. überall dort, wo es Ziel- und Wertkonflikte gibt, diese in Form einer Entscheidung zu gewichten und so für Orientierung zu sorgen. Damit einher geht die Tatsache, dass jede wirkliche Entscheidung auch anders hätte getroffen werden können. Es mag gute und sehr gute Gründe für die Wahl der aktuellen Strategie geben, aber die Entscheidung hätte auch anders ausfallen können, dies macht ihr Wesen aus. Wer schwierige Entscheidungen zu verantworten hat, befindet sich damit per se in einer angreifbaren Position. Er oder sie kann sich nicht hinter Objektivität, Sachlichkeit und Rationalität verstecken – auch wenn dies naheliegende Argumentationslinien sind.

Wer eine stimmige, subjektiv verantwortete Entscheidung treffen möchte bzw. als Berater Klienten dabei unterstützen will, für den können hingegen folgende Fragen hilfreich sein:

– *Auf welche Mehrheitsverhältnisse warte ich?*
Wo prinzipielle Unentscheidbarkeit herrscht, ist Eindeutigkeit Utopie. Wer auf »diktatorische« Verhältnisse (»100 Prozent innere Zustimmung«) wartet, wird nicht entscheiden können. Hilfreich kann es sein, danach zu fragen, welche inneren Mehrheitsverhältnisse bestehen müssten, um sich entscheidungsfähig zu fühlen (»Wie viel Prozent in mir müssten der Meinung sein, dass X eine gute Idee ist?«, »Ab welchen inneren Mehrheitsverhältnissen fühle ich mich entscheidungsfähig?«).

– *Welchen Preis will ich (nicht) zahlen?*
Subjektive Entscheidungsunfähigkeit entsteht oft da, wo nach einer Lösung ohne Preis gesucht wird. Diese ist aufgrund der

Struktur von Entscheidungen nicht möglich. Erkennbar wird diese – sehr verständliche – Sehnsucht oft durch wiederkehrende »Ja, aber«-Schleifen. Es gilt, die nachvollziehbare Suche nach einer Lösung ohne Preis einerseits zu würdigen (»Das wäre das Allerschönste«), andererseits aber auch die Wahrscheinlichkeit einer solchen Möglichkeit auszuloten (»Wie wahrscheinlich ist es, dass ich in dieser Situation eine Lösung ohne Preis finde?«). Ein erster Schritt kann dann darin bestehen, die Preise auszuloten, die man »auf keinen Fall« zahlen will, das Risiko zu ergründen, das man keinesfalls eingehen möchte, bzw. auszuloten, was *ausgehalten* werden muss und was man aushalten will, um (wieder) handlungsfähig(er) zu werden.

– *Was sind die Kriterien für eine gute Entscheidung?*
Zu unentscheidbaren Entscheidungen gehören Wertekonflikte (vgl. Kap. 5.5). Für beide Seiten der Entscheidung gibt es sehr gute und berechtigte Gründe. Es lohnt sich, diese zu erkunden (»Welche Werte sind im Spiel?«). In einem zweiten Schritt geht es um die Fragen »Was ist das Kriterium einer guten Entscheidung?«, »Woran würde ich eine gute Entscheidung erkennen?« An den Überlegungen dazu kann deutlich werden, dass der Betroffene auf innere Eindeutigkeit oder eine Lösung ohne Preis wartet. Beides wird nicht erreichbar sein. Während das Abwägen von Argumenten häufig in einem Patt mündet, lassen sich auf der Werteebene eher Prioritäten erspüren. Hierzu können Entscheidungen wertebasiert formuliert und dabei die somatischen Marker (siehe im Folgenden) wahrgenommen werden. Was passiert im Körper, wenn ich laut ausspreche: »Ich entscheide mich X zu tun, weil ich möchte, dass [Wert Y] in jedem Fall berücksichtigt wird«?

– *Wie gehe ich mit etwaigen Fehlentscheidungen um?*
Wer die Möglichkeit einer Fehlentscheidung ausschließen will,

kann sich nicht entscheiden. Interessant ist deshalb auch die Frage: »Nehmen wir an, ich treffe eine Entscheidung nach bestem Wissen und Gewissen. Nehmen wir weiter an, diese Entscheidung stellt sich in der Rückschau als ›falsch‹ heraus – was ja angesichts der prinzipiellen Unentscheidbarkeit immer eine reelle Möglichkeit darstellt – wie würde ich mit mir umgehen? Was würde ich über mich denken? Was andere? Was wären meine Schlussfolgerungen?« Wer im Falle einer Fehlentscheidung ewige Verdammnis von sich oder anderen antizipiert, wird das Wagnis einer verantworteten Entscheidung kaum eingehen. Es geht um die Frage: »Wie müsste ich mit mir selbst oder negativen Rückmeldungen durch andere im Falle einer Fehlentscheidung umgehen, damit ich mich heute entscheiden könnte? Was müsste ich mir versprechen?« Insbesondere für Mitarbeiterinnen und Mitarbeiter stellt sich darüber hinaus die Frage, welche *Voraussetzungen* erfüllt sein müssen, damit sie die zu treffende Entscheidung auch subjektiv verantworten *können:* Wer muss wie eingebunden und informiert sein, welche Schritte müssen dokumentiert werden, um meine Entscheidung auch im kritischen Fall legitimieren zu können?

Auf den Punkt gebracht

1. Der Umgang mit unauflösbaren Dilemmata gehört zum Kerngeschäft des Führungsalltags. Auch Mitarbeiterinnen und Mitarbeiter stehen je nach Aufgabe und Verantwortungsbereich mehr oder weniger regelmäßig vor objektiv unentscheidbaren Fragen.
2. Entscheiden wird in solchen Situationen erst dann möglich, wenn die grundlegende und bleibende Mehrdeutigkeit der Situation anerkannt wird – dies setzt ein hohes Maß an Ambiguitätstoleranz voraus.

3. Klarheit über (nicht) zu zahlende Preise, handlungsleitende Werte und Kriterien einer guten Entscheidung jenseits der Kategorien »richtig« und »falsch« sind wesentliche Eckpfeiler im Positionierungsprozess.

5.2 Zappeln im eigenen Netz – eine Inventur der eigenen Prämissen

> »Eine Zwickmühle ist ein *Geflecht* von Konstruktionen, die Ausweglosigkeit zur Folge haben.«
> *Angelika Glöckner*

Kennzeichnend für das Erleben im Dilemma ist das Gefühl, gefangen zu sein im Netz der Handlungsalternativen: *Nichts geht und auch das geht nicht.* Um unter diesen Bedingungen einer Entscheidung näher zu kommen, ist neben einer Akzeptanz der objektiven Unentscheidbarkeit eine Inventur der eigenen Prämissen oft unerlässlich. Darunter verstehen wir alle expliziten und impliziten Grundannahmen, die das eigene Verhalten leiten. Das Spektrum reicht von Ansprüchen (»So muss ich sein«) über Werte (»Das ist [nicht] mit mir vereinbar«) bis hin zu Erfahrungen (»Das bringt nichts«). Bernd Schmid (2008) macht darauf aufmerksam, dass es weniger einzelne Prämissen sind, die ein Voranschreiten in der Zwickmühle verhindern, als das *Geflecht* von Annahmen, das in seiner Lückenlosigkeit in Ausweglosigkeit mündet.

Frau F. ist Führungskraft in einer Dienstleistungsagentur. Im Coaching berichtet sie über eine Mitarbeiterin, die ihr »in den Bereich gesetzt« wurde. Die Zusammenarbeit mit der Kollegin erlebt Frau F. als äußerst anstrengend. Die Kollegin halte sich nicht an

Absprachen, träte überheblich gegenüber Kunden auf (»Ich sitze am längeren Hebel«) und zeige sich gegenüber Anweisungen aller Art vollkommen resistent. Auch die regelmäßig eingehenden Kundenbeschwerden und die Anordnung, auf diese kundenorientiert zu reagieren, würden ignoriert. Alle Versuche von Frau F., die Kollegin zu einer nachhaltigen Verhaltensänderung zu bewegen, seien gescheitert. Die Kollegin wechsle zwischen Beschönigungen, Ignoranz und Weinen – zuletzt habe sie ihr Mobbing vorgeworfen. Ein härteres Durchgreifen in Form von Abmahnungen sei organisationskulturell nicht vorstellbar – alle vorausgegangenen Führungskräfte hätten die Mitarbeiterin zwar ähnlich erlebt, aber aus Gründen der Konfliktvermeidung immer positiv beurteilt, erst vor Kurzem sei die Kollegin im Rahmen einer flächendeckenden Beförderung eine Gehaltsklasse nach oben gewandert (»Jetzt sitzt sie noch fester im Sattel«).

Ausgehend von der Gewissheit »Ihr Verhalten ist unerträglich. Ich kann es nicht laufen lassen« entspinnt sich im Gesprächsverlauf ein Netz von Prämissen, das sich etwa wie folgt auffächert:

- »Wenn ich sie anspreche, wird das keine bzw. bestenfalls kurzfristige Konsequenzen haben.«
- »Wenn ich das Verhalten nach oben kommuniziere, werde ich keinen Rückhalt bekommen.«
- »Ohne Rückhalt von oben kann ich mir jedes weitere Gespräch mit ihr sparen.«
- »Wenn ich nichts mache, ist das ein verheerendes Signal an alle Mitarbeiter und Mitarbeiterinnen, die sich Mühe geben.«

Nach etwa 45 Minuten haben beide, Beraterin wie Klientin, sich vollständig im Netz der Ausweglosigkeit verfangen. Frau F. pendelt zwischen Dranbleiben, der Mitarbeiterin »auf die Pelle rücken« und verzweifelter Frustration darüber, dass die Mitarbeiterin macht, was sie will. Szenarien in Richtung einer Einbeziehung des Vorgesetzten (»Öffentlichkeit herstellen«, »Verhalten dokumentieren«, »Abmahnungen aussprechen«) verhallen als »chancenlos«. Ihre Not überträgt sich auf die Beraterin, die spürt, dass sie Frau F. enttäuschen muss. Es dauert ein Weilchen, bis sie merkt, dass sie gemeinsam einem Dilemma aufsitzen: Gehe rechts (»Ich muss handeln«) und links (»Handeln bringt nichts, und wenn es nichts bringt, schwächt es mich«). Im Gespräch malt die Beraterin die gehörte Prämissenlandschaft als Pfeilsystem auf – aus A folgt B, B hilft nicht, deswegen C, C geht aber auch nicht, weil D, D ist inakzeptabel, weil A ... – und konfrontiert Frau F. mit der These: Wenn all diese Prämissen stimmen, gibt es keinen Ausweg. Dann ist das Pendeln zwischen Resignation, Rückzug und Strampeln die plausibelste Strategie – auch wenn sie immer wieder in Verzweiflung mündet. In ihr verbinden sich eigener Anspruch (»meine Führungsrolle wahrnehmen«) und Werte (»für Fairness und Gerechtigkeit einstehen«) perfekt mit den Spielregeln der Organisation (»niemanden hart anfassen«; »keine direkte Kritik«).

Die Auflistung der zum Dilemma gehörigen Prämissen samt ihrer zwangslogischen Ausweglosigkeit führt dazu, dass Frau F. in Erwägung zieht, die Annahme »nach oben kommunizieren bringt nichts« infrage zu stellen. Dem voraus geht eine zuvor nicht gespürte Traurigkeit über die nicht aus der Welt zu schaffende Ungerechtigkeit.

5.3 Zappeln im Netz organisationaler Spielregeln – Kultur und Kulturbrüche

Frau F. ist mit ihren Prämissen nicht allein. Ein großer Teil ihrer sie lähmenden Annahmen speist sich nicht aus ihren privaten, sondern aus professionellen Sozialisationserfahrungen. Ihre Erwartungen darüber, was in ihrer Organisation geht und was nicht, sind immer auch Ausdruck der geltenden Organisationskultur. Aus systemtheoretischer Perspektive lässt sich die Kultur einer Organisation als Summe der expliziten und impliziten Entscheidungsprämissen beschreiben (Luhmann, 2000). Gemeint sind mehr oder weniger bewusste Spielregeln, in denen festgelegt ist, wie kommuniziert und entschieden wird. Kultur ist damit immer auch Ausdruck der bisherigen Erfolgsmuster einer Organisation. Welche Strategien, welche Art der Kommunikation haben sich im Umgang mit den Aufgaben und Herausforderungen der Organisation bewährt?

Bei der Entstehung und Veränderung kultureller Prämissen kommt Führungskräften eine herausgehobene Bedeutung zu. Führungskräfte werden beobachtet. Ihr Tun und Lassen wird interpretiert. Ob gewollt oder ungewollt bestimmen sie so die kulturellen Spielregeln ihres Bereichs und Unternehmens mit. Über die Zeit werden sie selbst zu wandelnden Entscheidungsprämissen. Die Fragen »Wie würde Führungskraft X an dieser Stelle entscheiden? Womit kommen wir durch, was ist anschlussfähig bei Bereichsleitung Y?« sind Ausdruck der Tatsache, dass Führungskräfte durch ihr Verhalten und ihre Entscheidungen den Erwartungshorizont ihrer Mitarbeiter wesentlich prägen.

Kulturelle Spielregeln stiften Sicherheit (»Wie muss ich mich hier verhalten, um anschlussfähig, überzeugend oder zugehörig zu sein? Welche Rückmeldungen werden gehört, was verhallt?«). Gleichzeitig schränken sie den Raum möglichen Verhaltens immer auch ein. Im Umgang mit Dilemmata kann dies zum Problem werden, etwa dann, wenn die herrschenden Kommunikationsspielregeln dafür sorgen, dass die im Dilemma liegende unentscheidbare Frage überhaupt nicht oder nur eingeschränkt adressiert werden darf.

Ein mittelständisches Unternehmen befindet sich in einer wirtschaftlich angespannten Situation. Existenzbestimmende strategische Ent-

scheidungen, die mit großer Unsicherheit behaftet sind, stehen aus. Investieren oder sparen? Alle Ressourcen auf die Befriedigung wichtiger Großkunden setzen oder besser diversifizieren? – so und ähnlich lauten die schwer zu entscheidenden Fragen. Der gefühlte Denk- und Entscheidungsraum ist dabei stark durch kulturelle Prämissen bestimmt. Gemeinsam mit einer Gruppe von Führungskräften reflektieren wir deshalb die kulturellen Spielregeln der Organisation im Hinblick auf Informationsfluss, Wertschätzung, Kritik und Anweisungen:
- Was sind die zentralen Spielregeln in unserem Bereich? Was darf man bei uns auf keinen Fall tun oder sagen?
- Welche Geschichte haben diese Regeln? Woraus beziehen sie ihre Legitimation?

Die Führungskräfte bestimmen mit hoher Übereinstimmung ein Set an implizit gültigen Prämissen:
- Informationen muss man sich holen – sie werden, wenn überhaupt, sehr personenabhängig weitergegeben.
- Wertschätzung?! Nicht geschimpft ist genug gelobt. Wer Danke sagt, macht sich verdächtig.
- Kritik wird nicht direkt geäußert, und wenn, sehr pauschal.
- Klare Ansagen macht man nicht.
- Sanktionen gibt es bei uns nicht.

Im Anschluss reflektieren wir gemeinsam die Entstehungsgeschichte dieser Regeln: Wo und wann sind sie entstanden? Wofür waren sie wichtig? Gelten diese Gründe auch im Hier und Jetzt?
  Es zeigt sich, dass die kommunikativen Spielregeln einer Zeit entstammen, zu der das Unternehmen insgesamt noch sehr familiär geführt wurde. »Man kannte sich und baute nachmittags zusammen sein Häuschen. Da tut man sich nicht weh.« Weil man sich kennt

und mag, ist die Informationsweitergabe kaum ein Problem und Wertschätzung selbstverständlich. Die Rahmenbedingungen im Innen und Außen haben sich zwischenzeitlich jedoch stark verändert. Das Unternehmen ist gewachsen und aus weitgehend konkurrenzfreier Marktteilnahme ein globaler Wettbewerb geworden. Im Hinblick auf die anstehenden Entscheidungen und Veränderungen sind die gewachsenen Kommunikationsregeln nur begrenzt hilfreich. »Man tut sich nicht weh« – auch dann nicht, wenn dringend nötige Absprachen nicht eingehalten werden? »Kritik behält man für sich« – auch dann, wenn die Information darüber, dass etwas nicht funktioniert, hochgradig entscheidungsrelevant wäre? Unter Bedingungen wachsender Konkurrenz und Unsicherheit müsste sich der Kommunikationsraum erweitern, um tragfähige Entscheidungen zu ermöglichen. Es wird deutlich: Die Spielregeln, die lange Jahre das Rückgrat der Organisation waren, könnten ihr nun genau dieses brechen.

Auf den Punkt gebracht

1. Dilemmata sind dadurch gekennzeichnet, dass es unter den herrschenden Prämissen keinen Ausweg geben kann.
2. Um einen tragfähigen Standpunkt zu entwickeln, bedarf es deshalb einer Beobachterposition gegenüber persönlichen und kulturellen Grundannahmen. Erst wenn diese beobachtbar sind, können sie infrage gestellt und gegebenenfalls erweitert werden.
3. Entscheidungen im Dilemma können herrschenden Prämissen zuwiderlaufen. Die damit verbundenen Risiken sind nicht immer so hoch, wie auf den ersten Blick angenommen (»Dann bin ich weg vom Fenster«). Ein Zu-Ende-Denken (»Angenommen, Sie wagen es, ... – was würde passieren? Und dann? Und dann? Und dann?«) kann hier Spielräume eröffnen. Jochen Schweitzer ver-

danken wir in diesem Zusammenhang die Metapher der »Apokalypse als Vorletztes« – auch hier gibt es ein Danach. Gleichzeitig sind Kulturbrüche riskant und kulturelle Spielregeln ab und an eine harte Wirklichkeit. Diese bewusst, einschließlich damit verbundener Risiken zu brechen, ist daher etwas anderes als eine reflektorische »Mit dem Kopf durch die Wand«-Strategie (»Einer muss es mal sagen«). Oft geht es eher um ein »Kulturbrüchlein« – nicht unbedingt um den Durchbruch.

5.4 Gefühle als Kompass

Persönliche und kulturelle Erfahrungswerte und Glaubenssätze können nicht einfach qua kognitivem Entschluss »abgewählt« werden. Das einschnürende Geflecht an Konstruktionen ist eingebettet in starke, meist negative Gefühle. Da sind Ohnmachtsgefühle angesichts des Eindrucks, handeln zu müssen und es nicht zu können, da ist Wut darüber, in einer von anderen eventuell mitverantworteten Zwickmühle festzusitzen, Ratlosigkeit, ob nun Pest oder Cholera der richtige Weg ist, oder auch Selbstzweifel angesichts der Unmöglichkeit, eine sich gut anfühlende Lösung zu entwickeln. So verstehbar diese Gefühle sind, so wenig stiften sie in der konkreten Situation Orientierung. Die durch diese Gefühle ausgelösten Impulse werden von den Betroffenen als ein quälendes »sich im Kreise Drehen« empfunden. Immer dieselben Gedanken und Handlungsoptionen werden gedacht und wieder verworfen. Die Dynamik gleicht der durchdrehender Räder im Sand: Stagnation auf hohen Touren. Die emotionalen Oberflächenreaktionen kosten also viel Kraft, taugen aber selten als richtungsweisende Ratgeber. Gleichzeitig wissen wir aus der Entscheidungsforschung: Für kraftvolle Positionierungen brauchen wir eine Anbindung an unser emotionales Erfahrungswissen (Storch, 2016; Damasio, 1994). Stimmige Entscheidungen sind an ein Zusammenspiel von bewusstem Denken (»Verstand«) und vorbewussten Wahrnehmungsprozessen in Form von Körpersignalen (»somatischen Markern«) gebunden. Während das bewusste Denken langsam, dafür aber genau und detailliert arbeitet, liefert das »emotionale Erfahrungsgedächtnis« blitzschnelle, dafür aber diffuse und detailarme Einschätzungen der Situationen, die sich in Form basaler Körperresonanzen niederschlagen. Schwierige Entscheidungen werden nur dann von Stimmigkeit (»Das ist jetzt dran«) begleitet, wenn zugehörige Emotionen und Körpersignale in die Entscheidung einbezogen werden (vgl. hierzu Storch, 2016). Methodischen Zugang hierzu bieten neben der emotionsfokussierten Therapie (Auszra, Herrman u. Greenberg, 2016) beispielsweise Focusing (Gendlin u. Wiltschko, 2007; Renn, 2006), Achtsamkeit (z. B. Dietz u. Dietz, 2008; Weiss, Harrer u. Dietz, 2016) und körpertherapeutische Interventionen. Ebenso hilfreich können Skulptur- und Aufstellungsarbeit sein (z. B. Varga von Kibéd u. Sparrer, 2016). Das *Wofür* und *Wohin* der eigenen Entscheidung muss also emotional verankert sein, um erwartbaren inneren Zweifeln und äußeren Gegenwinden standzuhalten. Rein rationale Entscheidungen (»Es ist wohl das Vernünftigste, …«/ »Mir bleibt nichts anderes übrig als …«) haben im Dilemma keinen Bestand. Tragfähige Entscheidungen sind an das Gefühl persönlich verantworteter Stimmigkeit gebunden. Es ist die innere Gewissheit, sich selbst oder zumindest wesentlichen Seiten in sich gerecht zu werden, die es möglich macht, die mit der Positionierung verbundenen Preise und Risiken zu tragen.

Gefühle im Dilemma sind damit einerseits quälend und desorientierend – andererseits unerlässliche Richtungsgeber. Wie lässt sich dieser Widerspruch erklären? Der kanadische Therapeut Leslie Greenberg hat die für diese Frage bedeutsame Unterscheidung zwischen primären und sekundären Gefühlen geprägt (Greenberg, 2015, 2016; Auszra et al., 2016).

Primäre Gefühle sind automatische Erstreaktionen auf bestimmte Situationen. Im Falle *adaptiver Primärgefühle* gilt: Sie passen zur Situation und bereiten den Organismus in angemessener Weise auf Handlung vor, die einer Wiederherstellung bzw. Sicherung des Wohlbefindens dienen. Adaptive Primärgefühle sind die Hauptquelle emotionaler Intelligenz. Unabhängig von ihrer inhaltlichen Qualität bergen sie Informationen und Handlungstendenzen, die dem Organismus zuträglich sind. Beispiele hierfür sind Trauer, die tröstende Umfeldreaktionen mobilisiert, Furcht angesichts realer Bedrohungen, Ärger im Falle einer Grenzverletzung oder auch Hoffnungslosigkeit, die das Loslassen eines unerreichbaren Wunsches befördert.

Maladaptive Primärgefühle sind ebenfalls automatische Erstreaktionen auf äußere oder innere Ereignisse. Ihre Qualität ist jedoch eher durch vorausgegangene, teils traumatische Erfahrungen als durch den gegenwärtigen Moment bestimmt. Exzessive Scham, Gefühle ausgeprägter Wertlosigkeit und Einsamkeit oder ohnmächtige Wut können in diese Kategorie fallen. Maladaptive Primärgefühle sind wie »alte Bekannte«, werden sie getriggert, lösen sie immer neu starke, unangenehm vertraute Reaktionen aus, in denen sich der/die Betroffene wie gefangen fühlt.

Eine dritte Emotionskategorie bilden nach Greenberg (2015) die *sekundären Gefühle*. Sekundärgefühle sind gleichsam eine Antwort auf bzw. ein Schutzschild gegenüber Primärgefühlen, die die betreffende Person aus unterschiedlichsten Gründen nicht fühlen will oder kann. Sekundärer Ärger kann beispielsweise primäre Trauer überlagern, sekundäre Kälte darunterliegende Furcht, sekundäre Schuldgefühle eine nicht zugestandene Wut. Anders als Primärgefühle bergen Sekundärgefühle jedoch keine richtungsgebende Information. Sie halten den Betroffenen gefangen und beschäftigt, ohne ihm weiterzuhelfen.

Primäre und sekundäre Gefühle lassen sich nicht anhand ihrer Qualität unterscheiden. Trauer, Angst, Ärger, Eifersucht, Neid, Scham,

Wut – sie alle können sowohl primärer als auch sekundärer Natur sein. Während ein achtsamer Kontakt zu primären Gefühlen jedoch immer sinnstiftende Informationen eröffnet, leiten sekundäre Gefühle in die Irre. Sie schicken uns an Stellen auf die Suche, an denen wir nicht fündig werden können. Für die Positionierung im Dilemma ist die Unterscheidung von primären und sekundären Gefühlen von zentraler Bedeutung, denn: Die emotionalen Begleiterscheinungen einer Zwickmühle sind oft Ausdruck von Sekundärgefühlen. Zugang zu den darunterliegenden Primärgefühlen ist dann unerlässlich, um zu einer tragfähigen Entscheidung zu kommen.

Eine fünfzigjährige Abteilungsleiterin sucht nach einem Zusammenbruch mit anschließender mehrmonatiger Krankschreibung Hilfe im Coaching. Ihr Dilemma beschreibt sie wie folgt: Die vom Unternehmen erwartete 60- bis 70-Stunden-Woche sei für sie nach 15 Jahren Selbstveraugabung körperlich wie seelisch nicht mehr leistbar. Gleichzeitig sei sie als Alleinlebende auf das Einkommen angewiesen, die Jobaussichten auf dem Arbeitsmarkt seien in ihrem Alter und ihrer Branche zunehmend schlecht, außerdem schätze sie die Inhalte und Autonomie am aktuellen Arbeitsplatz. Eine 15-jährige Unternehmenszugehörigkeit gegen eine Probezeit einzutauschen, erscheine ihr angesichts ihrer derzeit stark reduzierten Leistungsfähigkeit zudem hoch riskant. Die Reduktion des Arbeitseinsatzes in der aktuellen Organisation sei jedoch auch keine Option: »Dann bin ich weg vom Fenster.« Die Arbeitslast sei so exorbitant hoch, dass eine Rückkehr zur 40-Stunden-Woche zu einem Zusammenbruch eines Großteils ihrer Projekte führen wurde – mit entsprechenden Konsequenzen für Bewertungen und Gehalt. Mittelfristig rechne sie sogar mit einer Entlassung, falls sie die utopisch hohen Zielvorgaben wiederkehrend nicht erreiche (»Bislang habe ich es immer wieder möglich gemacht«).

An der gefühlsmäßigen Oberfläche dieser Klientin finden sich Angst (»Ich schaffe das nicht mehr«; »Der Arbeitsmarkt für meine Altersgruppe ist miserabel«) und Empörung (»Die Firma profitiert seit Jahren von meinem Einsatz – und stellt mir keinerlei Ressourcen zur Verfügung, um die Arbeitslast zu reduzieren«). Durch achtsames Verweilen bei den das Dilemma begleitenden Körperempfindungen schälen sich nach und nach noch andere Gefühlsqualitäten heraus. Hinter der Wut liegt eine große Trauer. Die Klientin erinnert sich an eine langjährige Partnerschaft, in der sie bezüglich Familienplanung immer wieder vertröstet worden sei, bis der Partner sie von heute auf morgen verlassen habe und sie »mit leeren Händen« zurückgeblieben sei. Sie spürt, damals wie heute »wärme ich mich an dem Ofen, in dem meine eigenen Lebenskräfte verheizt werden«. Die Klientin gibt der Trauer Raum und zwei weitere Gefühle kommen auf. Zunächst entsteht Hoffnungslosigkeit. Es ist eine heilsame Hoffnungslosigkeit. Die Klientin spürt, dass sie auch am aktuellen Arbeitsplatz von der Hoffnung auf Anerkennung ihres Einsatzes lebt – und dass es an der Zeit ist, diese Hoffnung zu begraben. In der Folge entwickelt sich eine tiefe Wut, die anders als der zuvor gefühlte Ärger nicht in Empörung stecken bleibt, sondern Kräfte mobilisiert. Auch diese Wut arbeitet für die Klientin. Sie beschließt, die Arbeitszeit auf 45 Stunden pro Woche zu reduzieren und die damit verbundenen Risiken zu tragen.

Derselbe Entschluss hätte als reine Vernunftentscheidung keinen Bestand. Er wäre auf ein Maß an Selbstkontrolle angewiesen, das in allen Belastungssituationen mit hoher Wahrscheinlichkeit zusammenbricht (Storch, 2016).

Umso erstaunlicher ist die Tragfähigkeit emotional gestützter Positionierungen. »Es sind die kleinen Gefühle, die die großen Kapitäne unseres Lebens sind«, sagte Vincent van Gogh (zit. nach Greenberg, 2016, S. 70). *Gefühle sitzen am Steuer unserer Selbstregulation.* Wer Anschluss an adaptive Primärgefühle gefunden hat, hat damit Anschluss an eine richtungsgebende Kraftquelle, die gerade in heiklen und ambivalenten Gewässern unerlässlich ist.

Die Weisheit zu unterscheiden – vom Sekundär- zum Primärgefühl
Wie lassen sich sekundäre von primären Gefühlen unterscheiden? Adaptive Primärgefühle stellen dem Organismus mobilisierende und organisierende Kräfte zur Verfügung. So lässt sich fragen, ob der empfundene Ärger eines Coachees in kraftvolle Handlung führt oder Traurigkeit die Anerkennung eines Verlustes ermöglicht. Erhöht das Gefühl die Fähigkeit des Betroffenen, auf die gegebene Situation zu antworten? Enthält es wichtige Informationen über verletzte Bedürfnisse? Wie passen Gefühl und Situation zusammen?

Wer auf Grenzverletzungen beispielsweise ausschließlich traurig oder auf Verlust ausschließlich verärgert reagiert, hat vermutlich wenig Zugang zu darunterliegenden Primärgefühlen. Auch die Übertragungsgefühle des Beraters können diagnostisch genutzt werden. Löst die Klage eines Klienten eher Aggression statt Mitgefühl aus? Dies kann ein Hinweis auf primäre Wut unter sekundärer Angst bzw. Verzweiflung sein.

Menschen streben naturgemäß danach, negative Gefühle zu vermeiden. Dies gilt für den Betroffenen ebenso wie für die professionellen Begleiter. Verzweiflung auszuhalten, Trauer, Ohnmacht, Wut nicht »wegzumachen«, sondern im Hinblick auf ihren Informationsgehalt auszuloten, setzt auf beiden Seiten ein hohes Maß an Negativitätstoleranz voraus.

Um sich hierauf einzulassen, ist wichtig zu wissen, dass *Emotionen nicht gleichbedeutend sind mit Handlung.* Sich hoffnungslos zu fühlen, heißt nicht, aufgeben zu müssen. Rasende Wut zu empfinden, heißt nicht zwangsläufig, Amok zu laufen. Gefühle sind Zustände, sie kommen und gehen. Gefühle sind keine Wahrheiten oder unwiderlegbare Schlussfolgerungen – sie erzählen etwas über die Person, die sie empfindet, über deren Bedürfnisse und Werte. Gefühle bergen Information, sie determinieren nicht das Verhalten. So sinnvoll es sein kann, das eigene Verhalten zu kontrollieren, so wenig sinnvoll ist es, Primärgefühle abzuspalten. Ziel ist es vielmehr, den Zugang zu relevanten Primärgefühlen zu erschließen, diese wahrzunehmen und die in ihnen enthaltene richtungsgebende Botschaft zu erkunden. Was dann mit dieser Information geschieht, ob sie in Handlung mündet und wenn ja, in welche, kann im Anschluss bewusst entschieden werden.

Wie lässt sich Zugang finden zu unterdrückten Primärgefühlen? In einem ersten Schritt gilt es, die Aufmerksamkeit auf die die Situation begleitenden Gefühle zu richten. Dies schließt die Wahrnehmung des Körpers ein:
- Wie *fühlt* es sich *an*, in diesem Dilemma gefangen zu sein?
- Wo und wie sind die Wut, Angst, Ohnmacht im Körper spürbar?

Bereits hier werden häufig »Weglauf-Impulse« spürbar: »Was soll das bringen? Wenn ich mich den Gefühlen hingebe, komme ich nie wieder hoch …!«, lauten häufige Sorgen. »Man muss an einem Ort ankommen, um ihn zu verlassen«, beschreibt Greenberg (2016, S. 84) das Paradox, dass Gefühle wahrgenommen und akzeptiert werden müssen, um sich verändern zu können. Das achtsame Verweilen bei den emotionalen Empfindungen eröffnet Zugang zu darunterliegenden Primärgefühlen:
- Gibt es noch ein Gefühl »*dahinter*«?
- Welche Qualitäten schlummern unter der emotionalen Oberfläche?
- Welche Gefühle werden unterbrochen, in Schach gehalten, gedeckelt …?

In einem verlangsamenden Prozess wird auch diesen Gefühlen ein freundlich-akzeptierender Raum zur Verfügung gestellt. *Alle Empfindungen sind erlaubt und relevant.* Sie nach und nach in Worte zu fassen, ist ein wesentlicher Teil ihrer Verarbeitung. Was in Sprache gefasst ist, ist mir anders verfügbar – *ich habe es, nicht es hat mich.*

Häufig fragen sich Berater wie Betroffene, die ihren Gefühlen auf den Grund gehen: Woran merke ich, dass ich beim Primärgefühl angekommen bin?

Zur Antwort auf diese zentrale Frage verweisen wir erneut auf das eigene emotionale Erfahrungswissen. Es ist *spürbar,* ob da tief untendrunter noch ein anderes Gefühl schlummert, oder ob das, was im Moment erfahrbar ist, den Kern des eigenen Erlebens trifft. Wer bereit ist, achtsam zu lauschen, die Information der eigenen Gefühlswelt vorurteilsfrei zu heben, wird mit einer gewissen Unbestechlichkeit spüren, ob er oder sie bereits am Primärgefühl angekommen ist. Primärgefühle zeichnen sich zudem durch ihre *Unmittelbarkeit* aus. Sie sind im Hier und Jetzt voll und ganz erlebbar – und weniger Folge bereits unzählige Male gewälzter Überlegungen. Ab und an überraschen sie in ihrer Qualität: »Ich weiß gar nicht, warum ich plötzlich so traurig/wütend/mutlos bin …«. Auch wenn das Primärgefühl schmerzhaft ist, fühlt es sich richtig und wahrhaftig an: Das ist es, was ich gerade fühle.

Adaptive Primärgefühle setzen oft unmittelbar hilfreiche Informationen frei. Wie im Fallbeispiel oben angedeutet, entsteht im Zuge der sorgfältigen Verbalisierung des eigenen Erlebens ein Sinn, der Kraft und Richtung gibt. So vermitteln primäre Trauer und Wut der Abteilungsleiterin im Fallbeispiel die gefühlte Gewissheit: »Ich will mich nicht länger an meiner eigenen Selbstverheizung wärmen.« Die Ankunft bei maladaptiven Primärgefühlen bedarf hingegen oft eines zusätzlichen Schrittes, um in heilsame Erfahrung zu münden. Auch für maladaptive Primärgefühle wie Scham, Wertlosigkeit oder

lähmende Panik gilt, dass sie empfunden werden müssen, um verändert werden zu können. Bei ihnen angekommen, lauten die zentralen Fragen jedoch:
- Auf welche verletzten Bedürfnisse, Ziele und Anliegen macht das Gefühl aufmerksam?
- Welches *berechtigte* Anliegen wurde zur Entstehungszeit des Primärgefühls nicht beantwortet? Was hätte ich gebraucht? Was hätte mir zugestanden?

Sind diese verletzten Bedürfnisse und frustrierten Anliegen in ihrer grundsätzlichen Berechtigung anerkannt, entstehen oft »von allein« andere, adaptive Primärgefühle. Darüber hinaus lässt sich fragen:
- Was kann ich im Hier und Jetzt tun, um diesen Bedürfnissen Rechnung zu tragen bzw. meinem Anliegen näher zu kommen?

Sich einzulassen auf diese Spürreise verlangt allen (Betroffenen wie professionellen Begleitern) Vertrauen ab – und letzteren fundierte Kompetenzen im Umgang mit zum Teil starken Emotionen. Das emotionale Ziel dieser Reise, ein adaptives Primärgefühl, ist inhaltlich nicht vorwegnehmbar. Weder Berater noch Klient können wissen, wo sie rauskommen. Das Vertrauen für diese Reise ins Ungewisse speist sich aus der Erfahrung, dass sich am Zielort immer eine relevante Information für den Umgang mit dem erlebten Dilemma finden lässt. Wie diese aussieht, welche Richtung aus ihr erwächst, ist offen.

Unserer Erfahrung nach lässt sich mit Greenbergs Unterscheidungen durchaus niedrigschwellig arbeiten. So nutzen wir in Führungskräftetrainings wie auch im Coaching Fragen wie:
- Welche Gefühle löst die Zwickmühle in mir aus?
- Welche Gefühle leiten mein bisheriges Handeln?
- Gibt es hinter den vordergründigen Gefühlen noch andere?
- Welche Informationen über Bedürfnisse, Werte etc. stecken darin?

Die Herausarbeitung zugrunde liegender Primärgefühle wird jedoch in etlichen Fällen den Rahmen berufsbezogener Beratungsprozesse deutlich übersteigen. Das (Berufs-)Leben samt seinen Zwickmühlen hält sich hier nicht immer sauber an die Trennung zwischen Coaching und Psychotherapie. Umso bedeutsamer scheint uns daher, dass professionelle Begleiter sich ihrer Kompetenzgrenzen bzw. den Grenzen des jeweiligen Kontexts bewusst sind und gegebenenfalls an andere Berufsgruppen weiterverweisen.

Auf den Punkt gebracht

1. Entscheidungsfindung im Dilemma ist auf rein kognitivem Wege selten tragfähig und oft kaum möglich. Entsprechend der Foerster'schen Unentscheidbarkeit gilt: Die bestehenden Argumente müssen persönlich gewichtet und diese Gewichtung muss persönlich verantwortet werden.
2. Primäre Gefühle fungieren ebenso wie somatische Marker häufig als innere Goldwaage. Es lohnt sich, zwischen emotionalen Oberflächenreaktionen (Sekundärgefühlen) und »dahinterliegenden« Gestimmtheiten und Bedürfnissen zu unterscheiden.

5.5 Werte als Kompass

>»Was aber ist der Mensch? Das Wesen,
>das immer entscheidet. Und was entscheidet es?
>Was es im nächsten Augenblick sein wird.«
>*Viktor Frankl* (2006, S. 218)

Dilemmata werfen uns auf uns selbst zurück. Wenn ich mich in meiner Entscheidungsfindung nicht an den Kategorien richtig und falsch ausrichten kann, dann an dem, was mir persönlich wichtig und wertvoll genug ist, um es verantworten zu *wollen*. Jede Entscheidung im

Dilemma ist daher ein Ausdruck von Werten. Implizit oder explizit spiegelt sich in jeder Entscheidung die Frage: Als wer mache ich mir Sinn, wann verfehle ich mich? Wozu will ich mich bekennen, vor mir selbst und anderen?

In der jüngeren Zeit hat insbesondere Steven Hayes im Rahmen der Akzeptanz- und Commitment-Therapie die Orientierung stiftende Kraft von Werten beschrieben (2005; Luoma, Hayes u. Walser, 2009). Gerade dort, wo es keine Lösung im engeren Sinne gibt, bieten Werte die Chance auf Selbstbestimmung inmitten einer stark fremdbestimmten Situation:

– *Werte sind gewählte Richtungen:*
Werte berühren die Frage, welche Ausrichtung *ich* meinem Leben geben möchte. Auch wenn sie kulturell (mit-)geprägt sind, birgt die bewusste Entscheidung, sich einem oder mehreren Werten zu verpflichten, ein Moment der Wahl. Ich selbst entscheide, welchem Wert ich in dieser schwierigen Situation Ausdruck verleihen will. Dabei muss mein Gegenüber noch nicht einmal wissen oder merken, dass ich an der Verwirklichung dieses Wertes arbeite.[3]

– *Werte beschreiben »Sein-Ziele« – nicht »Haben-Ziele«:*
Auch die Loyalität gegenüber bestimmten Werten garantiert mir nicht, dass ich alle Mitarbeiterinnen und Mitarbeiter erreiche, dass ich mein Pensum in der vorgegebenen Zeit schaffe etc. Die Ausrichtung an Werten ist eine Antwort auf die Frage »Wie will ich sein?« – und nicht auf »Was will ich erreichen?«. Diese Ausrichtung an Sein-Zielen ist nicht selten ein Befreiungsschlag. Ich kann oft wenig dafür tun, dass bestimmte Dinge so eintreten wie gewünscht. Und selbst wenn mir dies gelingt, ist die Freude am

---

3   Hayes (2005) empfiehlt zur Unterscheidung übernommener und wesensgemäßer Werte die Frage: Wenn keiner wüsste, dass ich an der Verwirklichung dieser Werte arbeite, würde ich es trotzdem tun?

Erfolg oft von kurzer Dauer. Ich kann jedoch immer etwas dafür tun, der/die zu sein, der/die ich sein will.

- *Werte liegen in der Gegenwart:*
Ist der eigene Wertekompass ausgerichtet, kann ich in jeder Situation an der Verwirklichung meiner Werte arbeiten – im Kontakt mit Kolleginnen und Kollegen und Vorgesetzten genauso wie im Umgang mit Kundinnen und Kunden oder mir selbst. Die Verwirklichung meiner Werte ist damit nicht in der beschriebenen Wenn-dann-Logik gefangen, sondern verortet mich maximal in der Gegenwart. Sie mündet in die Leitfrage: *Was kann ich hier und jetzt tun, um meinem Wert Ausdruck zu verleihen?* Werte machen so handlungsfähig, gerade dort, wo »ich nichts tun kann«.

- *Werte zu leben heißt nicht immer gradlinig zu sein:*
Es gibt Unterschiede zwischen Prinzipienreiterei und kraftgebendem Wertebewusstsein. Sich an eigenen Werten auszurichten heißt beispielsweise nicht, sich mit ihnen zu verwechseln. Dies ist meist dann der Fall, wenn die gelebten Werte eine appellative Ausrichtung haben (»Sieh, wie es sein müsste!«) und sich mehr aus dem Gefühl moralischer Überlegenheit als aus eigener Stimmigkeit speisen. In unterschiedlichen Situationen können auch unterschiedliche Werte handlungsleitend sein. (Hierin zeigt sich das Moment der Wahl!).[4] Und: Manchmal kann ich nur durch Kompromisse meinen Werten Ausdruck verleihen.

---

4 Gregory Bateson (1972) hat bereits früh beschrieben, wie jedes lebende System, das auf die Maximierung einzelner Variablen und Werte setzt, sich selbst kannibalisiert. Der gut begründete Zick-Zack-Kurs kann daher dem eigenen und organisationalen Überleben dienlicher sein als die gerade Linie.

Herr O. ist Mitarbeiter im Leitstand eines Metallbauunternehmens und verantwortlich für die Steuerung der Fertigungsabläufe sowie die Unterstützung bei technischen Problemen. In die Produktivitätskennzahlen des Unternehmens sind Maschinenausfälle oder Stillstände nicht einkalkuliert. Herr O. reagiert deshalb unmittelbar auf jede Störung in der Halle, um die Ausfallzeiten so gering wie möglich zu halten. Neben der Koordination des Leitstandes ist er mit Projektaufgaben betraut, denen er aufgrund der häufigen Unterbrechungen nicht gerecht werden kann. Mit Mehrarbeit versucht er seit Monaten, wieder Herr der Lage zu werden. Der gesundheitliche Preis scheint hoch – Tinnitus, Schlafstörungen, Unzufriedenheit und Unlust begleiten ihn nun schon eine ganze Weile.

Die gefühlten Spielräume für Herrn O. sind sehr gering. Er kann über die Produktivitätskennzahlen nicht entscheiden, will seine Arbeit gut machen und weiß zugleich, dass er nicht mehr lange durchhält, wenn sich nichts ändert. Alle Verhandlungsversuche mit dem Chef haben bislang eher zu einer Verschärfung der Situation geführt, dieser zweifle in solchen Momenten seine Loyalität an. Dem Vorgesetzten gegenüber zu schweigen, ist für Herrn O. auch keine Option, denn er beschreibt sich selbst als ehrlichen Mitarbeiter, der seine Meinung offen und deutlich anspricht. Außerdem sieht er bei seinen Kollegen im Leitstand und den Mitarbeitern in der Halle, dass sie ebenfalls unter der dünnen Personaldecke und dem cholerischen Chef leiden.

Herr O. steckt fest. Das, was er gern erreichen möchte (»den Chef und dessen Führungsstil verändern«, »Entlastung für meine Kollegen und mich«, »einfach nur meine Arbeit machen«), ist unter den gegebenen Rahmenbedingungen offenbar nicht oder nur zu sehr hohen Preisen zu bekommen. Da alle »Haben-Ziele« (»Was will ich erreichen?«) unerreichbar scheinen, wenden wir uns im Coaching möglichen »Sein-Zielen« (»Wie will ich mich erleben?«) in dieser schwierigen Situation zu.

Herr O. wird eingeladen, seine eigene Wunsch-Grabrede[5] (vgl. Hayes, Masuda u. De May, 2003) zu schreiben (für weitere Interventionen und Metaphern zur Aktualisierung von Werten vgl. Hayes, 2005). Er soll darüber nachdenken, was keineswegs über ihn gesagt werden sollte und was er gern hören würde. Das Ergebnis ist eine Liste der Dinge, die ihm wirklich wichtig sind. Auf der Werteebene zentral sind für Herrn O. Freundlichkeit, Dankbarkeit, Respekt, Toleranz, Ehrlichkeit und Authentizität. Sind die Werte erst einmal benannt, zeigen sich für den Mitarbeiter zwei zentrale Handlungsimpulse:
– »Ich begegne meinem Chef freundlich und respektvoll – und zwar ganz unabhängig davon, ob ich von ihm Freundlichkeit und Respekt zurückerhalte.«
– »Wenn die Grenzen des Machbaren das nächste Mal überschritten werden, will ich Flagge zeigen und mich bekennen. Ich sage meinem Chef unter vier Augen, was leistbar ist und was nicht.«

Die Arbeit an Werten ist nur ein Element im Coachingprozess von Herrn O. Durch die Fokussierung auf Werte entsteht aber erst wieder Bewegung im Prozess, der vorher festgefahren scheint, weil alle erdachten Handlungsmöglichkeiten und Lösungsoptionen unter den gegebenen Rahmenbedingungen als nicht machbar eingestuft werden. Während bisher primär die Angst alle Überlegungen des Mit-

---

5 Die Konfrontation mit der eigenen Endlichkeit und das Schreiben einer Wunsch-Grabrede ist nicht in allen Beratungs- und Coachingsitzungen angebracht. Eine mildere Form kann in solchen Fällen das Schreiben einer Austrittsrede sein.

arbeiters leitet, gelingt durch die Fokussierung auf Werte die Umstellung von Vermeidungs- auf Annäherungsziele (Grawe, 2004) – und damit entstehen erste Chancen auf Selbstwirksamkeit.

5.6 Selbstmitgefühl – der Umgang mit dem unangenehmen Rest

> »So viel Hände habe ich gar nicht,
> wie ich sie gebraucht hätte.«
> *Bereichsleiter am Ende einer Übung*
> *zum Selbstmitgefühl*

Entscheidungen in dilemmatischen Situationen sind mit Preisen verbunden. Auch nach der Positionsbestimmung ist das Erleben deshalb meist nicht nur von Erleichterung geprägt (»ich habe entschieden«), sondern auch von unangenehmen »emotionalen Resten«: Da ist der Kollege, den ich mit meiner Entscheidung verärgert oder enttäuscht habe. Da ist das Restrisiko des gewählten Weges, das trotz Absicherungsversuchen nicht auszuschließen ist. Da ist die Sorge, welche mittel- und langfristigen Auswirkungen meine Entscheidung auf mein Standing, meine Leistungsbeurteilung und professionelle Zukunft haben wird. Nicht zu vergessen das »schlechte Gewissen« gegenüber all denen, die von meinem Entschluss in Mitleidenschaft gezogen werden. Und schließlich in gar nicht so wenigen Fällen die Erkenntnis, dass ich trotz Einsatz und bester Absicht nur wenig Einfluss auf bestimmte Prozesse und Entwicklungen nehmen kann. Was tun mit diesen unangenehmen Resten? Welche Art des Umgangs lässt ungute Gefühle im Wortsinne (er-)tragbar werden? Die Erstreaktion vieler Betroffener ist durch den Wunsch nach Gleichgültigkeit geprägt: »Das sollte mir egal sein.«, »Da müsste ich drüberstehen.«, »Das muss ich akzeptieren, abhaken, ignorieren …«. Diese Wünsche sind Ausdruck der Sehnsucht nach einem mentalen Frieden mitten im Unfrieden. Sie sind verstehbar, aber meist nicht erfüllbar. Wie kann einem etwas »egal« sein, für das man gekämpft, um das man gerungen hat? Wie wünschenswert ist es bei näherer Betrachtung, ursprünglich bedeutsame Kollegen, Kunden, Prozesse und Ziele in Gleichgültigkeit versinken zu lassen? Und wie lautet die Alternative hierzu? Auf der Suche nach Antworten auf diese Frage stoßen wir auf die Haltung des Selbstmitgefühls (Neff, 2014; Germer, 2015).

Selbstmitgefühl – Was ist das und wozu nützt es?
Selbstmitgefühl ist der Gegenentwurf zu dem uns vertrauteren Selbstwertgefühl. Unser Selbstwert schließt, wie der Name sagt, ständige Selbstbewertungen ein. Wir sind gewohnt, uns selbst wie auch unser Umfeld ununterbrochen zu klassifizieren (»besser als … – schlechter als …«). Das Ergebnis unserer Evaluation fällt oft nicht positiv aus. Selbst wenn wir punktuell gut, schön, stark sind – andere sind oft besser, schöner, stärker. Zudem wird es immer Bereiche geben, in denen wir schlechter, langsamer etc. sind. So erweist sich das Selbstwertgefühl insgesamt in Belastungssituationen als ein unzuverlässiger Begleiter. Im Dilemma versagt es uns oft gänzlich den Dienst. Wo keine Lösung möglich ist, wo nur ein Standpunkt mit hohen Preisen eingenommen werden kann, da liegen Selbstverurteilungen oft nah: »Andere kriegen es besser hin«; »Ich müsste cooler, mutiger, leistungsfähiger, … sein«; »Wenn ich es richtig angepackt hätte, …«.

Im Mittelpunkt des Selbstmitgefühls steht hingegen die Frage: *Welche Beziehung habe ich zu mir selbst – angesichts von Scheitern, Überforderung, Unvollkommenheit und Begrenzung?* Was für ein innerer Kommentator begleitet in diesen Situationen mein Tun und Lassen? Wie be- und verurteile ich mich selbst? Für den »unangenehmen emotionalen Rest«, der dilemmatische Entscheidungen immer begleitet, eröffnet das Selbstmitgefühl Spielräume, die der Selbstwert nicht im Angebot hat.

Herr M. erhält von seiner Vorgesetzten die strikte Anweisung, in seinem Bereich Überstunden abzubauen. Gleichzeitig gehen Sonderaufträge ein, die einen Mehraufwand beinhalten, der mit der bestehenden Personalplanung nicht abgedeckt werden kann. Herr M. steht vor der Frage: Wickeln wir den Sonderauftrag fristgerecht ab und nehmen hierfür Überstunden in Kauf oder bleiben wir innerhalb der Regelarbeitszeit und liefern den Sonderauftrag mit Verzögerung aus? Im Gespräch mit seiner Vorgesetzten legt Herr M. die Situation dar und bietet einen Kompromiss an (Umschichtung von Mitarbeitern, geringfügige Verzögerung in der Auslieferung, Überstunden ausgewählter Mitarbeiter). Die – ebenfalls unter Druck stehende – Vorgesetzte lehnt dies zunächst ab mit den Worten: »Das müssen Sie irgendwie anders organisieren bekommen. Dafür haben wir Sie eingestellt.« Herr M. bleibt konstruktiv-beharrlich und verweist darauf, dass er keine Möglichkeit sieht, Überstundenabbau und fristgerechte Auslieferung gleichzeitig sicherzustellen. Schließlich nickt die Vorgesetzte seinen Vorschlag unwillig ab. Herr M. geht aus der Situation mit dem Gefühl, einen in der Sache tragfähigen Kompromiss durchbekommen und sich gleichzeitig als Führungskraft »verbrannt« zu haben: »Sie war völlig entnervt von mir – beliebt gemacht habe ich mich definitiv nicht.« Obgleich er den Kompromiss als die tragfähigste Variante für das Unternehmen erachtet, will sich keine Zufriedenheit einstellen. Es bleiben Ärger (»Ich versuche mein Möglichstes und werde dafür noch abgewertet«), Angst (»Was bedeutet dies für die zukünftige Zusammenarbeit mit meiner Chefin?«) und Selbstzweifel (»Hätte ich die Mitarbeiter vielleicht doch noch mehr treiben müssen?«).

Was würde es für Herrn M. bedeuten, sich selbst in dieser Situation mitfühlend zu begegnen? Kristin Neff (2012) unterscheidet drei Ebenen des Selbstmitgefühls:

- *Achtsamkeit*:
Achtsam zu sein heißt, sich nicht nur inhaltlich auf das Problem, die Begrenzung etc. zu konzentrieren, sondern auch auf den Schmerz, die Negativität, die sie in mir erzeugen. Denn, wie Neff es ausdrückt, »[wir] können den Schmerz nicht heilen, den wir nicht empfinden« (Neff, 2012; S. 109). Achtsame Selbstwahrnehmung zeichnet sich dabei insbesondere durch eine nicht bewertende Beobachterposition gegenüber dem eigenen Erleben aus: Dies ist es, was ich gerade fühle. Achtsamkeit wird häufig verwechselt mit Resignation (»Nimm es, wie es ist …«).
Selbstmitfühlende Achtsamkeit meint hingegen nicht, Ja dazu zu sagen, wie die Dinge sind, sondern Ja dazu, wie sie sich im Moment für mich *anfühlen*. Es geht um die bewusste Entscheidung, die eigenen Empfindungen, Gefühle, Gedanken so anzunehmen, wie sie im Moment wirklich sind: *Was will im Moment anerkannt und gesehen werden?* Wer freundlich-achtsam auf den eigenen Schmerz schaut, der ermöglicht es, auf Situationen wirklich einzugehen, zu sehen, was die Situation von einem fordert, statt bloß zu reagieren.
- *Selbstfreundlichkeit*:
Selbstmitgefühl ist mehr als nur der Verzicht auf Selbstverurteilung. Es beinhaltet die Bereitschaft, sich vom eigenen Schmerz anrühren, emotional bewegen zu lassen – sich selbst freundlich und freundschaftlich zu begegnen. Dies geht über bloße Selbstakzeptanz (»So wie ich bin, so bin ich halt«) hinaus. Selbstfreundlichkeit heißt, *sich selbst ein aktiv wohlwollendes Gegenüber zu sein*. Freundlichkeit sich selbst gegenüber zu mobilisieren ist oft ungewohnt. »Selbstlob stinkt«, Selbstmitleid ist verpönt. Was soll das bringen? Wie soll das gehen? – so lauten häufige Erstreaktionen. Selbstfreundlichkeit als aktive Handlung bedeutet, anzuerkennen, was der Fall ist, sich den emotionalen Schmerz zuzugeste-

hen und ihn in Gefühle von Zuwendung, Trost, Würdigung einzubetten. Die Wirkung des Selbstmitgefühls beruht also nicht darauf, dass negative Gefühle durch positive ersetzt werden, sondern es werden positive Gefühle erzeugt, indem die negativen Gefühle freundlich angenommen werden. Eine so praktizierte Selbstfreundlichkeit hat handfeste biochemische Konsequenzen. Das Bindungshormon Oxytocin, das u. a. nach der Entbindung freigesetzt wird, oder dann, wenn Menschen einander fürsorglich begegnen, wird vermehrt ausgeschüttet (zu den multiplen physiologischen Benefits praktizierten Selbstmitgefühls siehe Neff, 2012, S. 67 ff.).

- *Verbundenheit:*
Das Bewusstsein, auch im Moment des Leidens nicht allein zu sein, innerlich Verbindung aufzunehmen zu der Tatsache, dass Scheitern, Begrenzung, Überforderung etc. zur menschlichen Existenz dazugehören, ist eine weitere Facette des Selbstmitgefühls. Sich diese Verbundenheit zu vergegenwärtigen ist nicht trivial, denn Gefühle der Niederlage und Enttäuschung gehen oft einher »mit dem Gefühl, von anderen, vom Leben abgekoppelt zu sein. Wie können wir dazugehören, wenn wir unzulänglich sind? Es wirkt wie ein Teufelskreis: Je unzulänglicher wir sind, desto isolierter und verletzlicher fühlen wir uns« (Brach, 2004, S. 6). Selbstmitgefühl heißt in diesen Momenten *aus der innerlichen Isolation herauszutreten* und sich im Angesicht des Scheiterns, der Überforderung innerlich zu verbinden mit den vielen Menschen, die wie ich überfordert, müde, unsicher etc. sind. Sich zu vergegenwärtigen, wie grundsätzlich und menschlich diese Gefühle und Erfahrungen sind, heißt nicht, sie in ihrer Bedeutung zu relativieren (»Geht allen so und etlichen noch schlimmer«), sondern diese Grundbedingtheit menschlicher Existenz anzuerkennen.

Zurück zu Herrn M.:

Während er über sein Unbehagen berichtet, wird Herr M. eingeladen, seine Aufmerksamkeit auf sein inneres Erleben zu richten: Wie fühlt es sich an, so zurückzubleiben? Wie macht sich der Schmerz körperlich bemerkbar?

Herr M. berichtet über Verspannungen im Brustraum und im Nacken. Wut über den Verlauf der Interaktion und Angst vor den möglichen Folgen dominieren. Gleichzeitig ärgert er sich über sich selbst: »Da sollte ich drüberstehen,« bzw.: »Ich hätte souveräner reagieren müssen.« Im Coachingprozess wird Herr M. dabei unterstützt, diese Bewertungen beiseitezustellen, sein Erleben in Worte zu fassen und dies einen Moment lang gelten zu lassen: »Es ist schwer für mich auszuhalten, dass ich negativ bewertet werde. Ich fühle mich alleingelassen und verantwortlich dafür, eine für alle Seiten gute Lösung zu finden, obwohl ich weiß, dass es sie in diesem Fall nicht gibt. Das alles auszuhalten ist schwer für mich.« Indem Herr M. sein Erleben in Worte fasst und sich zu ihm bekennt, tritt bereits eine erste Erleichterung ein. In einem zweiten Schritt wird Herr M. zu einer kleinen Selbstmitgefühlsübung eingeladen. Er lokalisiert seinen emotionalen Schmerz im Körper. Mit seiner Handinnenfläche soll er danach haltgebend und behutsam Kontakt zu seinem Schmerz aufnehmen und sich vorstellen, er berühre den Hinterkopf oder die Schulter eines geliebten Menschen, z. B. eines Kindes, eines Partners oder eines guten Freundes. Die Vorstellung, Kopf oder Schulter eines geliebten Menschen zu berühren, hilft dabei, tatsächlich mitfühlende Empfindungen zu aktualisieren. Während der Übung wird Herr M. dabei begleitet, sein Erleben achtsam wahrzunehmen und immer wieder neu von der Handinnenfläche ausgehend behutsam und stärkend darauf zu antworten. Nach einiger Zeit wird Herr M. ruhiger.

In einem dritten Schritt wird er ermutigt, sich unter Anerkennung seines aktuellen Erlebens selbst zu befragen: Was brauche ich gerade? Was würde es heißen, mir selbst in dieser schwierigen Situation freundlich und mitfühlend zu begegnen? Er wird gebeten, diese Frage eher mit dem Körper als mit dem Kopf zu beantworten (vgl. das Vorgehen im Focusing nach Gendlin, 2012). Die kognitiv geprägten Erstideen kreisen um inhaltliche Lösungsideen (»Wie kann ich sie davon überzeugen, dass ich nicht unfähig bin?«). Wir nehmen sie wahr und richten die Aufmerksamkeit wieder auf den Körper. Herr M. lauscht eine Weile in sich hinein, ohne die Antwort zu forcieren. Nach einigen Minuten wird ihm deutlich, dass er den Kontakt zu einigen vertrauten Kollegen suchen möchte und am Wochenende eine lang verschobene Verabredung mit einem Freund endlich stattfinden soll. Die negativen Gefühle sind immer noch da, doch Herr M. gesteht sie sich zu und fühlt sich weniger besetzt von ihnen.

Dass die nächsten Schritte des Klienten in Richtung Solidarisierung und Verbundenheit gehen, ist sicher kein zufälliges Ergebnis. Während Überforderung, Angst und Wut unreflektiert häufig in Rückzug und Entsolidarisierung münden, eröffnet der Zugang zum Selbstmitgefühl wieder neue Spielräume: Was will ich mit anderen teilen? Wofür brauche ich Trost und Rückhalt – und gestehe mir dies auch zu? Wir verstehen Selbstmitgefühl daher nicht als Ersatz für soziale Verbundenheit (»Wenn jeder für sich sorgt, ist für alle gesorgt«), sondern als einen ab und an notwendigen und fast immer hilfreichen Zwischenschritt, um wieder Anschluss an soziales Mitgefühl und Unterstützung zu finden.

6 Äußere Verortung

> »Da hatte ich mal ein Schlüsselerlebnis: Ich hatte einen Rechtsstreit wegen einer Immobilie. Ich saß mit dem Anwalt zusammen. Ein sehr seriöser Typ. Beim ersten Treffen habe ich ihm unser Problem geschildert und er sagte irgendwann zusammenfassend und klar: ›Sie hören, wenn der Nachbar scheißt.‹ Und ich habe mir gemerkt: Es gibt Situationen, da muss man Sachen beim Namen nennen. Das habe ich ins Berufliche mitgenommen: Ich will, dass meine Mitarbeiter und Vorgesetzten wissen, wie es mir geht. Heute habe ich das gemerkt: Es ist mal wieder Zeit, dass Sachen beim Namen genannt werden.«
> *Abteilungsleiter*

In beruflichen Zwickmühlen einen Standpunkt zu finden, ist das eine. Ihn anschließend nach außen zu vertreten, das andere. Da jede echte Entscheidung sich dadurch auszeichnet, dass man sie auch anders hätte treffen können, geht es darum, einen prinzipiell immer angreifbaren Standpunkt auf eine Weise zu vertreten, die
- die Wahrscheinlichkeit (nicht die Sicherheit!) erhöht, tatsächlich Gehör und Verständnis bzw. zumindest Akzeptanz zu finden,
- auf Dämonisierungen verzichtet,
- in konstruktiver Beharrlichkeit für das eintritt, was es zu einer Übernahme der eigenen Verantwortung braucht.

Entscheidungen im Dilemma haben Preise, Ihre Kommunikation auch. Einen nicht einlösbaren Auftrag abzulehnen bzw. nachzuverhandeln setzt ein hohes Maß an organisationaler Zivilcourage voraus. Gleiches gilt für das Vertreten unbequemer Entscheidungen, bei denen wesentliche Stakeholder enttäuscht werden. Unserer Erfahrung nach sind die Kommunikationen rund um berufliche Zwickmühlen deshalb häufig angstbesetzt und durch Schutzmechanismen der Beteiligten bestimmt (vgl. auch Kapitel 3).

Wer versucht, seinen Standpunkt zu vertreten, wird daher häufig auf Reaktionen wie die folgenden treffen:
- *Alternativlos!* – »Ich find es auch nicht gut, aber wir müssen …/ es ist so entschieden worden.«
- *Rechtfertigung* – »Warum es so und nur so richtig ist…«
- *Abwerten* – »Wenn Sie das nicht hinkriegen, sind Sie vielleicht der/die Falsche…«
- *Basta!* – »Wir machen es so, weil ich es so sage. Ober sticht Unter.«
- *Schein-Debatten* – »Natürlich möchte ich gerne hören, was Sie darüber denken.« (Aber ändern wird dies nichts.)
- *Hinhalten* – »Ich würde Ihnen gern etwas Verbindliches sagen, das geht jetzt aber noch nicht.«
- *Rückzug* – Keine Kommunikation ist auch eine Lösung.

Diese Reaktionen sind wiederum *Einladungen in symmetrische Eskalationen:* Dienst nach Vorschrift, Empörung in der Kaffeeküche und ein wachsender Zynismus sind so naheliegend wie destruktiv. Als hilfreicher erweisen sich in der Kommunikation rund um schwierige Entscheidungen hingegen diese drei Aspekte:
- *aktive Entdämonisierung* des Gegenübers und der eigenen Person;
- *Vulnerabilitätsmanagement:* respektvoller Umgang mit den persönlichen Stilen, Verletzlichkeiten und Eigenarten der Adressaten und Adressatinnen, in der Regel Vorgesetzte, zuweilen auch betroffene Kolleginnen oder Mitarbeiter;
- Kommunikationsstrategien, die *Verantwortung klären und adressieren.*

6.1 Aktive Entdämonisierung

Sie ist so naheliegend wie unproduktiv – die Verteufelung des Gegenübers und – gar nicht so selten – auch die Verteufelung der eigenen Person. Egal ob sich der Vorwurf an die eigene Adresse richtet oder an professionelle Umwelten, *wer in der Dämonisierung steckenbleibt, wird kaum konstruktiv einen Standpunkt beziehen können.* Die aktive Entdämonisierung der eigenen und anderer beteiligter Personen gehört für uns daher zu den wesentlichen gesprächsvorbereitenden Maßnahmen. Dies umfasst:

- *der Verführung der Personalisierung zu widerstehen:* Chef(in), Kollege oder Kollegin, Nachbarabteilung etc. sind *Repräsentant und Betroffene* von in der Organisation angelegten Widersprüchen und Forderungen. Sie haben diese in der Regel nicht *verursacht.* Unabhängig von personeller Besetzung bleiben bestimmte Werte- und Interessenskonflikte bestehen und gar nicht so selten ist das Gegenüber unklar, weil auch die *Situation* mehrdeutig ist und bleibt.
- *die guten Gründe der anderen Seite zu hypothetisieren:* Um konstruktiv Position zu beziehen, ist es hilfreich, sich zumindest ein Weilchen in die Perspektive der anderen Seite hineinzuversetzen. »Für welches Problem könnte das (unangenehme, anstrengende, bremsende) Verhalten meines Gegenübers die Lösung sein?«, »Was an der Art, wie X handelt, kann ich nachvollziehen, wenn vielleicht auch nicht gutheißen?«, »Was würde ich vielleicht ähnlich machen in seiner/ihrer Situation?«
- *die Faktizität und guten Gründe des eigenen Handelns anzuerkennen:* Es gilt, das eigene Handeln als Ausdruck innerer Präferenzen ernst zu nehmen. Was sind meine guten Gründe, mich bisher so zu verhalten, wie ich es tue (z. B. mich nicht unbeliebt machen, kein Risiko eingehen, keine Mehrarbeit riskieren, die Erfahrung, dass Nachverhandeln in der Vergangenheit keine Veränderung bewirken konnte)? Aus welchen guten Gründen habe ich bisher

so entschieden, wie ich es getan habe? Welche anerkennenswerten Motive und Bedürfnisse liegen dahinter? An die Stelle des »Eigentlich bin ich ganz anders, ich komme nur so selten dazu« tritt »Was wäre, wenn ich genauso bin, wie ich mich verhalte? Was erzählt mein Handeln über mich?«

Ausgehend von einer veränderten Haltung (von »Der andere ist ein Idiot«/»Ich bin unfähig …« hin zu »Der andere hat wie auch ich gute Gründe zu handeln, wie wir es bislang tun«) geht es in einem zweiten Schritt darum, *die eigene Position im Dilemma bewusst zu bestimmen:*
- *Wofür will ich eintreten?* Wozu will ich mich bekennen? Was brauche ich unbedingt, um meine Aufgabe aus- und erfüllen zu können? Wo liegen Spiel- und Verhandlungsräume? Autorisiere ich mich selbst, gegen kulturelle Spielregeln zu verstoßen, um meiner Verantwortung gerecht zu werden, oder hoffe und warte ich auf Erlösung von außen?
- Welche *Preise* bin ich bereit für meinen Standpunkt zu bezahlen? Und welche nicht?
- Welche *Angebote* kann ich meinem Gegenüber machen? Was kann ich authentisch würdigen?

6.2 Vulnerabilitätsmanagement

Wir alle haben unsere verletzlichen Seiten und wunden Punkte. Wer sie kennt und sich – zumindest punktuell – darauf einlässt, auf sie Rücksicht zu nehmen, kommt häufig weiter. Bewährt hat sich:
- *sprachlich auf feine Unterschiede zu achten:* In jeder Organisation gibt es bei den handlungsleitenden Akteuren sprachliche »Trigger« – diese sind mit unmittelbarer Reaktanz verbunden: Welche Beschreibungen lösen mit hoher Wahrscheinlichkeit pauschale Defensivstrategien aus? Kann auf diese verzichtet werden? Wenn nein, können sie in ihrer Wirkung metakommunikativ mitgedacht

werden (»Ich weiß, das Wort ›zu wenig Personal‹ können Sie vermutlich nicht mehr hören und dennoch möchte ich an dieser Stelle darauf hinweisen, dass …«)?
- *Rahmenbedingungen mitzudenken:* Wer darf mitbekommen, wenn ich etwas Kritisches äußere (Vier-Augen-Gespräch vs. offen im Meeting mit allen)? Was ist ein guter bzw. weniger unguter Zeitpunkt?
- *wichtige Bedürfnisse des Gegenübers im Blick zu haben:* Mit welchen Verhaltensweisen erzeuge ich garantiert *Reaktanz*? Beispielsweise unterscheiden sich kontrollbedürftige Zeitgenossen, die gern auf dem Laufenden gehalten werden und die Dinge im Griff haben wollen (»Ich werde mit den Informationen dieses und jenes machen«, »Bei Neuigkeiten informiere ich Sie«), von jenen, denen es primär um Anerkennung geht (»Ich habe von Ihnen diese und jene wesentliche Idee verstanden. Ich würde es jetzt so machen. Ist das in Ihrem Sinne oder habe ich etwas Wesentliches vergessen?«, »In der Vergangenheit war für mich immer sehr hilfreich…«) (vgl. hierzu auch Schweitzer, Bossmann, Zwack u. Hunger-Schoppe, 2016).

Freilich möchte man dies nicht immer tun. Die Berücksichtigung wunder Punkte kann, muss aber nicht zum Erfolg führen, denn Menschen sind bekanntlich keine trivialen Maschinen. In einigen Situationen kann die bewusste Entscheidung gegen Vulnerabilitätsmanagement zudem auch eine Lösung sein (»Ich weiß, er wird sich fürchterlich aufregen, wenn ich es laut auf der Betriebsversammlung sage, aber dann bringe ich den Stein ins Rollen«).

6.3 Verantwortung klären und adressieren
Kommunikation rund um dilemmatische Situationen berührt immer die Frage, wer hier was verantworten kann und will – und was nicht. Oft geht es darum, bereits getroffene Entscheidungen und Anord-

nungen noch einmal zu hinterfragen, auf die Unmöglichkeit der Auftragserfüllung in ihrer jetzigen Form aufmerksam zu machen und/oder entsprechende Zielsetzungen und Vorgaben nachzuverhandeln. Auf der Suche nach nützlichen kommunikativen Beiträgen hierfür haben sich folgende Haltungen und Strategien für uns als hilfreich erwiesen:

- *Verstehen wollen und dies signalisieren:* Hierzu gehört, Einzelschritte in der Argumentation des Vorgesetzten/der Kollegin bzw. des Kollegen Schritt für Schritt nachzuvollziehen und die Hoffnungen, die mit dem bisherigen Verhalten verbunden sind, zu erkunden. Dafür eignen sich *gezieltes Zusammenfassen* (Was habe ich verstanden? Worüber bin ich mir im Klaren?) und *Nachfragen* (Was habe ich noch nicht verstanden? Welche offenen Fragen gibt es für mich? Was meinen Sie, wenn Sie sagen …? Was erhoffen Sie sich von …?).
- *Mit dem gemeinsamen Nenner beginnen:* Wo kann ich zustimmen? Welche Ziele teile ich?
- *Gewaltfreie Kommunikation* (Rosenberg, 2003): Ausgehend von der Position des Zuhörens, des gezielten Zusammenfassens und des Nachfragens lässt sich formulieren:
  a) *mein Gefühl dazu:* Wenn ich dies höre, dann fühle ich mich …/mache mir Sorgen …/bin ich unsicher, ob …
  b) *mein Bedürfnis:* Was bräuchte ich, um meine Rolle und Aufgabe gut ausfüllen zu können?
  c) *meine konkrete (!) Bitte* an den/die Vorgesetzte(n) oder den Kollegen/die Kollegin: Wer sich nicht gesehen fühlt, neigt oft dazu, sein Anliegen in Form pauschaler Vorwürfe/Klagen zu formulieren (»So geht das nicht mehr weiter – wir haben das schon oft angemahnt«; »Keiner interessiert sich für X«; »Das geht nicht, weil …«). Wirksamer sind oft konkrete Bitten, zu denen sich das Gegenüber auch konkret verhalten muss.

- *Ich-Botschaften mit Fokus auf Auswirkungen und befürchtete Folgen sowie Risiken von Entscheidungen:* »Ich habe verstanden, dass das die Entscheidung ist. Aus meiner Sicht haben wir mit diesen und jenen Auswirkungen zu rechnen.«, »Wenn wir diesen Weg wählen, rechne ich mit X. Meine Hoffnung ist, dass, wenn wir einen anderen Weg einschlagen, wir uns X ersparen könnten bzw. Y gewinnen.«[6]
- *Die ausgesprochenen oder angedeuteten Positionen in neutraler Weise auf den Punkt bringen und in Entscheidungen überführen* (»zuspitzen«): »Nach heutigem Kenntnisstand werde ich Folgendes mitteilen: ... – ist das so korrekt?«, »Habe ich richtig verstanden, es wird keine Unterstützung geben?«, »Habe ich richtig verstanden, die Auswirkungen, mit denen wir meines Erachtens rechnen müssen, sind kein Grund, die Entscheidung zu überdenken?«
- *Nicht nur sagen, was nicht geht,* sondern auch *Vorschläge und Kompromissideen* einbringen. Wer nur *dagegen* ist, ist leichter auszusitzen.
- Stellenweises *Heraustreten aus der Kompetenzerwartung:* »Ich habe keine Idee. Ich würde Ihnen etwas vormachen, wenn ich Ihnen sagen würde, ich wüsste, wie wir das Problem lösen. Das möchte ich nicht. Ich brauche Ihre Hilfe. Haben Sie eine Idee?«
- *Aufrechte Kapitulation,* wo es nichts zu gewinnen gibt: »Ich kann Sie nicht überzeugen. Das fällt mir schwer, weil ich diese und jene

---

6 Entscheidungen in Organisationen dienen wesentlich der Reduktion von Ungewissheit (Luhmann, 2000). Einfluss auf bereits getroffene Entscheidungen z. B. bezüglich Ressourcen, Zielen und Prozessen wird deshalb dort wahrscheinlicher, wo im Nachverhandeln ein Angebot zur Unsicherheitsabsorption gemacht wird. Die Frage ist, welche Angst reduziert wird, welcher Stress minimiert oder auch welche Bedürfnisse befriedigt werden, wenn A der Empfehlung/Bitte von B folgt.

Risiken sehe, aber ich respektiere diese Entscheidung, die Sie als Vorgesetzte(r) treffen.«
- *Toter Käfer:* Nicht alles muss zu Ende verhandelt werden. Ab und an ist aussitzen auch eine Lösung.

Die hier angesprochenen Punkte verstehen sich als Elemente, die nicht zwangsläufig in dieser Reihenfolge abgearbeitet, sondern abhängig von Gegenüber und Thema unterschiedlich gewichtet und auch formuliert werden müssen. Oberstes Erfolgskriterium ist in jedem Fall die *Selbst- und nicht die Fremdkontrolle*. Dafür sind Unterbrechungen der unter Umständen aufgeladenen Situation hilfreich (»Ich muss darüber nachdenken, ich würde gerne nochmal auf Sie zukommen«). Nicht nützlich sind in der Regel emotional aufgeheizte Reaktionen oder der Versuch, via E-Mail zu einer Lösung zu gelangen.

Dialoge wie die hier angedeuteten sind für alle Beteiligten mit Anstrengung und Risiken verbunden. Wann immer wir diese und verwandte Gesprächsstrategien anbieten, stoßen wir deshalb auf ambivalente Reaktionen: »Schön und gut, aber was mache ich, wenn die Kollegin dennoch uneinsichtig bleibt oder die Zielvorgabe trotzdem utopisch?« Wir plädieren hier für ein Sowohl-als-auch. Ja, strukturelle Missstände und unlösbare Aufgaben lassen sich in der Regel nicht dadurch beheben, dass eine Einzelperson konstruktiv-beharrlich Position bezieht. Die Wirkung aller Positionierungen erhöht sich dramatisch, wenn diese *solidarisch* ein- und vorgebracht werden. Aber egal ob einzeln oder vereint: Es wäre größenwahnsinnig, davon auszugehen, dass es nur der richtigen Gesprächsstrategie bedarf, um unmögliche in mögliche Aufträge zu verwandeln und Zwickmühlen aufzulösen. Gleichzeitig ist es uns ein Anliegen, Menschen in beruflichen Dilemmata dazu zu ermutigen, nicht in verstehbarer Empörung stecken zu bleiben. Mindestens zwei Gründe fallen uns ein, in der angedeuteten Weise organisationale Zivilcourage zu zeigen:

1. Organisationen sind soziale Systeme, sie bestehen – systemtheoretisch gedacht – aus Kommunikation (Luhmann, 2000; Simon, 2004). Nur das, was in Kommunikation gelangt, ist für die Organisation nutzbar. Wird der Kommunikationsraum vorschnell eingeengt, gilt: »Gemeinsam sind wir blöd« (Simon, 2004) – große Teile relevanter Information gelangen nicht mehr an die Oberfläche, was langfristig schwerwiegende Folgen haben kann: Alle wussten, dass das neue Produkt ein Reinfall wird – nur nicht die Entscheiderin. Allen war klar, dass Mitarbeiter X seine Aufgaben nicht erfüllt – aber erst durch die Beschwerde beim Träger wird deutlich, wie groß der dadurch ausgelöste Vertrauensverlust ist. Sicher kennen Sie eigene Beispiele, in denen ex-kommunizierte unbequeme Wahrheiten auf anderem, oft teurem, rufschädigendem Weg und häufig zu spät wieder Eingang in die Organisation finden.
2. Wer zumindest den Versuch unternimmt, nicht einlösbare Anordnungen zu hinterfragen und unmögliche Aufträge nachzuverhandeln, der nimmt sich selbst in seiner eigenen Professionalität ernst. Selbst wenn ein gesetztes Ziel (»die Entscheidung verändern«) vielleicht nicht erreicht wird, stärkt die Übernahme der persönlichen Verantwortung (»Ich habe versucht, im Rahmen meiner Möglichkeiten die Entscheidung zu beeinflussen«) das Gefühl, sich selbst und der Organisation nichts schuldig geblieben zu sein. Auch da, wo sich die Organisation als »unbelehrbar« erweist, kann es befriedigend sein, wesentlichen eigenen Werten gerecht geworden zu sein (vgl. die Unterscheidung zwischen Sein- und Haben-Zielen in Kapitel 5.5). Prallen sämtliche Wahrnehmungsangebote und Anliegen (wiederkehrend) ab, hilft dies zumindest dabei, sich keinen falschen Hoffnungen bzw. resignativer Verdrängung hinzugeben. Es eröffnen sich neue Wahlmöglichkeiten: »Will ich trauern, gehen, mich

ärgern, mich wehren …?«, und wenn ja: »In welcher Form?«, »Was passiert, wenn nichts passiert?«, »Wozu bin ich gegebenenfalls bereit – wenn nicht sofort, dann mittel- oder langfristig?«, »Welche Investitionen in den Aufbau eines ›Plan B‹ bräuchte es dann von meiner Seite?« (vgl. auch Zwack, 2014; Zwack u. Pannicke, 2009).

7 Ein roter Faden durch's Geflecht – Reflexionsetappen im Dilemma

Die in diesem Buch skizzierten Landkarten waren uns vielfach in Einzel- und Teamberatungen hilfreich. Sie hängen alle miteinander zusammen und sind im konkreten Fall dennoch nicht immer alle gleichermaßen bedeutsam. Einmal mag es vor allem wesentlich sein zu erkennen, welche Hintergrundgefühle bislang nicht hinreichend berücksichtigt wurden, ein andermal liegt die im Wortsinne entscheidende Unterschiedsbildung darin, überhaupt Worte für den eigenen Standpunkt zu finden. Mal steht die Auseinandersetzung mit Prämissen im Vordergrund, mal die Frage, welche Preise man (nicht) zahlen will, mal die Herausforderung, auf Schachmattsätze des Gegenübers möglichst konstruktiv zu reagieren usw.

Gelegenheit zur intensiven Auseinandersetzung mit allen hier angesprochenen Facetten bot uns ein Pilotprojekt zum Umgang mit Dilemmata im Führungsalltag, bei dem wir Führungskräfte zweier Industrieunternehmen über einen Einjahreszeitraum in zehn Modulen bei der Positionsfindung in Zwickmühlen unterstützen durften (Bossmann, Ditzen u. Schweitzer, 2016; Zwack, Bossmann u. Schweitzer, 2016). Den inhaltlichen Schwerpunkten dieses Buches folgend, entwickelten wir im Laufe des Gruppentrainings eine Reflexionsstruktur, die – sofern eine hinreichende Vertrautheit mit den

dahinterliegenden Konstrukten gegeben ist – Betroffenen dabei hilft, die Dilemmata ihres Alltags systematisch zu durchleuchten:
- Worin besteht das akute oder wiederkehrende Dilemma?
- Was sind die Entscheidungsoptionen, zwischen denen ich mich gefangen fühle?
- Zu welchen Reflexen (innerlich oder nach außen) lädt die Situation mich ein?
- Welche in der Organisation angelegten Widersprüche kommen in diesem Dilemma zum Tragen?
- Was würde ich gerne tun, erlaube es mir aber nicht? Welche kulturellen Spielregeln, Verhaltensweisen und Schachmattsätze des Gegenübers bzw. welche innerlichen Gebote hindern mich daran?
- Wenn ich voll und ganz dämonisieren würde, wie würde ich die Situation dann beschreiben?
- Angenommen, ich wollte auf Dämonisierungen aller Art verzichten, welche guten Gründe könnte ich dann den Beteiligten unterstellen?
- Wie könnte ich diese guten Gründe anerkennen oder würdigen?
- Welche Gefühle löst die Situation in mir aus (Erstreaktion und eventuell Gefühle »dahinter«)? Wie könnte ich mich diesen Gefühlen gut zuwenden?
- Für welche Werte will ich in dieser Zwickmühle stehen? Was will ich verkörpern, unabhängig vom Ergebnis? Wie will ich sein – nicht: Was will ich erreichen?
- All diese Überlegungen zusammengenommen: Welchen Standpunkt möchte ich beziehen, welche Entscheidung treffen? Inwiefern unterscheidet sich dies von meinem Erstreflex?
- Wie will ich meinen Standpunkt zum Ausdruck bringen? Welche Kommunikationsstrategien können dabei helfen (z. B. Metakommunikation, Verweis auf Auswirkungen, souveräne Kapitulation, …)?

- Welches Körpergefühl stellt sich ein, wenn ich diesen Standpunkt formuliere? »Stimmt« es so?
- Welche Preise/Risiken birgt mein Standpunkt? Bin ich bereit, diese zu tragen?
- Welche Fragen stelle ich mir jetzt am Ende dieser Reflexion? Was bleibt offen?

Auch für Berater bieten diese 15 Fragen einen roten Faden durchs Dilemma, den wir nachfolgend anhand des anonymisierten Beispiels einer Führungskraft illustrieren:

Worin besteht das akute oder wiederkehrende Dilemma?
»Ich bin Projektleiter in der Produktentwicklung. Mein aktuelles Dilemma ist Folgendes: Für eine kurzfristig anberaumte Sitzung mit der Geschäftsführung (GF) benötige ich dringend Kennzahlen und Analysen, die derzeit nur eine Mitarbeiterin leisten kann. Genau diese Mitarbeiterin hat Urlaub geplant, diesen auch gebucht und klar signalisiert, dass sie da nicht kompromissbereit ist. Unser Projekt wird intern ohnehin kritisch betrachtet – ich fürchte, wenn ich schlecht vorbereitet vor der GF auftrete, gefährdet das nicht nur meine Reputation, sondern auch das Projekt als Ganzes. Gleichzeitig kommt diese Sitzung jetzt auch sehr unvermittelt – mit etwas mehr Vorlauf hätte ich anders steuern können. Vielleicht hätte ich auch wissen müssen, dass wir über kurz oder lang diese Informationen brauchen werden und die Mitarbeiterin frühzeitiger darum bitten müssen – obwohl wir auch so beschäftigt genug waren. Dass die Mitarbeiterin jetzt büßen muss und ihren lang gebuchten Flug in den Urlaub cancelt, fühlt sich auch nicht gut an.«

Was sind die Entscheidungsoptionen, zwischen denen ich mich gefangen fühle?

»Ich habe nur zwei Optionen:
1. ›Die Mitarbeiterin fährt in den Urlaub.‹ Die von der GF erwarteten Analysen werden nicht fertiggestellt, ich nehme deren Verärgerung und gegebenenfalls auch Zweifel an meiner Kompetenz bzw. der Zukunftsfähigkeit des Projekts in Kauf.
2. ›Die Daten werden aufbereitet.‹ Es ist eigentlich keine Option, ohne die eingeforderte Analyse vor die GF zu treten. Die GF braucht sie, und mein Team ist dafür zuständig, sie zu liefern. In der Konsequenz müsste ich die Mitarbeiterin anweisen, ihren Urlaubsbeginn zu verschieben.«

Zu welchen Reflexen (innerlich oder nach außen) lädt die Situation mich ein?
»Ich bin angespannt und wütend. Einerseits auf die GF, die mit dieser kurzfristigen Ansage alles durcheinanderbringt. Ein bisschen auch auf die Mitarbeiterin, die ja um die Brisanz der Lage weiß und mir vielleicht auch irgendwie hätte entgegenkommen können. Am liebsten würde ich meiner eigenen Gereiztheit Luft verschaffen. In jedem Fall habe ich den Impuls, mich zu verteidigen – auf keinen Fall Schwäche zeigen!

Kurz überlege ich auch, ›die Segel zu streichen‹. Gegenüber der GF zuzugeben, dass wir noch nicht so weit sind, die Daten noch nicht vorliegen und mein eigenes Leistungsversagen einzugestehen, um Entschuldigung zu bitten. Ich habe auch den Impuls, meine Mitarbeiterin zu schützen, sie kann in diesem Fall nichts dafür und soll am Ende nicht die Leidtragende sein, lieber nehme ich die Folgen auf mich.«

Welche in der Organisation angelegten Widersprüche kommen in diesem Dilemma zum Tragen?
»Die Situation ist beispielhaft für den Widerspruch zwischen dem Fürsorgeprinzip gegenüber der Mitarbeiterin, das ich als Teil mei-

ner Führungsrolle sehe, und dem Leistungsprinzip gegenüber dem internen ›Auftraggeber‹ (in dem Fall der GF), dem ich mich ebenso verpflichtet fühle.«

Was würde ich gerne tun, erlaube es mir aber nicht? Welche kulturellen Spielregeln, Verhaltensweisen und Schachmattsätze des Gegenübers bzw. welche innerlichen Gebote hindern mich daran?
»Am liebsten würde ich einfach sagen: ›Leute, wir sind gerade an anderen Themen dran. Die Daten, die ihr fordert, sind wichtig, aber aus meiner Sicht nicht vordringlich. Die Welt geht nicht unter, wenn wir das in einem zweiten Schritt nachliefern.‹

Bei uns ist es kulturell absolut tabu zu sagen ›etwas geht/ging nicht‹. ›Schachmattsätze‹, mit denen die GF kommen könnte, sind für mich vor allem der Vorwurf der Unfähigkeit, dieses absolute Unverständnis für die Ursachen für die fehlenden Daten. Und auch die Tatsache, dass sie vermutlich an meiner Eignung für die Projektleitung zweifeln werden. Persönliche Gebote sind für mich: Sachlich bleiben, niemanden enttäuschen, professionell bleiben.«

Wenn ich voll und ganz dämonisieren würde, wie würde ich die Situation dann beschreiben?
»Was für ein schikanöses Verhalten der GF – so kurz vor knapp wieder mit diesen Erwartungen anzukommen. Die müssen doch wissen, dass wir das so kurzfristig nicht hinbekommen. Wahrscheinlich sind das eh Manöver, um das Projekt zu kippen!«

»Diese egomanen Mitarbeiter denken eh immer nur an sich. Ich halte ständig meinen Kopf für sie hin – und wenn ich einmal umgekehrt Hilfe bräuchte, pochen sie auf ihre Rechte.«

Angenommen, ich wollte auf Dämonisierungen aller Art verzichten, welche guten Gründe könnte ich dann den Beteiligten unterstellen?

»An der Stelle der GF würde ich mich vermutlich auch ärgern. Die stehen selbst unter Rechtfertigungsdruck und müssen legitimieren, warum sie weiter Mittel in dieses Projekt stecken. Und einen gebuchten Urlaub würde ich vermutlich auch nicht leichtfertig opfern wollen. Da würde ich wohl auch erwarten, dass meine Führungskraft den Kopf hinhält bzw. besser plant.«

Wie könnte ich diese guten Gründe anerkennen oder würdigen?
»Indem ich insbesondere gegenüber der GF zum Ausdruck bringe, dass ich die Notwendigkeit der geforderten Analyse verstehe. Und dass ich klar signalisiere, bis wann ich sie nachliefere.«

Welche Gefühle löst die Situation in mir aus (Erstreaktion und eventuell Gefühle »dahinter«)? Wie könnte ich mich diesen Gefühlen gut zuwenden?
»Meine Erstreaktion ist vor allem Ärger. Dahinter spüre ich auch Scham und Trauer, weil ich den Schaden nicht verhindern kann, meinem eigenen Anspruch nicht gerecht werden kann. Wenn ich versuche, mich diesen Gefühlen gut zuzuwenden, gestehe ich mir zu, dass ich mich eine Zeitlang unbehaglich fühle. Ich sage mir aber auch: Der Berufsalltag bringt es manchmal mit sich, dass ich es nicht allen recht machen kann. Trotz höchster Anstrengung lässt es sich manchmal nicht vermeiden, dass ein Leistungsversprechen nicht erfüllbar ist. Ich würde mir selbst außerdem Mut und Zuversicht vermitteln, indem ich mir sage: Dies ist und bleibt eine Ausnahme, die nur dann eintritt, wenn wirklich alle Maßnahmen, die möglich und vertretbar sind, ausgeschöpft sind. Ich gebe weiterhin mein Bestes und in den meisten Fällen gelingt es mir auch.«

Für welche Werte will ich in dieser Zwickmühle stehen? Was will ich verkörpern, unabhängig vom Ergebnis? Wie will ich sein – nicht: Was will ich erreichen?

»Eigentlich weiß ich für mich: Eine weiße Weste ist ein Armutszeugnis. Ich will eine gewisse Robustheit gegenüber Infragestellungen von außen entwickeln. Unter allen Umständen will ich in meiner Mitte bleiben, mich nicht hinreißen lassen zu unguter Rechtfertigung oder Abwertungen.«

All diese Überlegungen zusammengenommen: Welchen Standpunkt möchte ich beziehen, welche Entscheidung treffen? Inwiefern unterscheidet sich dies von meinem Erstreflex?
»Beim Nachdenken spüre ich recht deutlich, dass ich mich entscheiden will, mit der ›Nichtlösbarkeit‹ zu leben. Die Mitarbeiterin soll in den Urlaub fahren, wir liefern nicht. Meinem Erstreflex (›verteidigen – rechtfertigen‹) will ich nicht nachgeben. Ich will Verständnis für die Erwartungen und Unzufriedenheiten der GF signalisieren und das bisher Erreichte gleichzeitig offensiv darstellen.«

Wie will ich meinen Standpunkt zum Ausdruck bringen? Welche Kommunikationsstrategien können dabei helfen (z. B. Metakommunikation, Verweis auf Auswirkungen, souveräne Kapitulation, …)?
»Ich werde die berechtigte Irritation auf der Metaebene vorwegnehmen und mein Dilemma wie auch meine Entscheidung offenlegen. Ich werde Verständnis für etwaigen Ärger aufseiten der GF signalisieren und unseren Fahrplan für die Datenaufbereitung offenlegen. Ich möchte auch signalisieren, dass ich diese Entscheidung nicht leichtfertig getroffen habe.«

Welches Körpergefühl stellt sich ein, wenn ich diesen Standpunkt formuliere? »Stimmt« es so?
»Es stimmt so. Ich muss aber aufpassen, dass ich nicht doch anfange zu strampeln, wenn ich merke, dass die GF kein Verständnis zeigt. Körperlich würde ich das merken an einem schnelleren Herzschlag –

und wenn sich mein Nacken verspannt. Vermutlich würde ich dann auch schneller reden.«

Welche Preise/Risiken birgt mein Standpunkt?
»Wenn ich jetzt ständig hinter meinem Anspruch zurückbleibe, droht der Verlust an beruflicher Selbstachtung. Und natürlich ist die GF sauer und wird ihren Ärger nicht für sich behalten.«

Welche Fragen stelle ich mir jetzt am Ende dieser Reflexion? Was bleibt offen?
»Es bleibt die Frage offen, wo die Grenze liegt, die nicht überschritten werden darf. Eine ›Nicht liefern‹-Erfahrung kann an anderer Stelle das Aus bedeuten. Dann habe ich womöglich ›das innere Spiel‹ gewonnen und kann weiter in den Spiegel schauen, doch das ›äußere Spiel‹ ist verloren, z. B. weil das Vertrauen in mich in der Organisation unterhalb eines kritischen Stellenwerts gesunken ist, ich zu auffällig werde gegenüber den Vorgesetzten, eventuell droht sogar der Verlust des Aufgabenbereichs. Das muss immer wieder neu abgewogen werden.«

8 Fazit: Was bringt's?
Chancen der inneren und äußeren Verortung

> »Wie soll ich es Ihnen erklären …
> es hat sich nichts verändert und zugleich vieles.«
> *Führungskraft am Ende eines Trainings zum*
> *Umgang mit beruflichen Dilemmata*

Dilemmasituationen stellen Menschen vor unmögliche Aufträge. Es gilt, viel auszuhalten: Dass auch der beste Wille, die größte Anstrengung nicht zu ambivalenzfreien guten Gefühlen führt. Dass es keine

Lösung gibt, aber eine gefordert und erwartet wird. Dass jeder Schritt mit (hohen) Preisen verbunden ist. In der Konfrontation mit dilemmatischen Entscheidungen werden daher häufig Automatismen aktiviert, die dabei helfen sollen, die mit der Situation verbundenen Bedrohungsgefühle zu minimieren und einen Ausweg aus der Zwickmühle zu finden. Hierzu gehören z. B.

- *innere Antreiber und Prämissen* (vgl. Kahler u. Capers, 1974; Schmid u. Hipp, 2001): biografisch erworbene Strategien, sich in Stresssituationen Akzeptanz und Zugehörigkeit zu sichern und mit sich ins Reine zu kommen. Dabei handelt es sich um generalisierte Selbsterwartungen, um implizite oder explizite Antworten auf die Fragen »Wie muss ich sein, um o. k. zu sein?«, »Welche Lösungsstrategien im Umgang mit Stress und Überforderung sind erlaubt, welche tabuisiert?«.
- *handlungsleitende Prämissen der Unternehmenskultur*: implizite und explizite Spielregeln, deren Einhaltung wesentlich über die Zugehörigkeit zum System entscheidet (»Dem Chef widersprechen, ist keine Option«; »Geht nicht, gibt's nicht«).
- *erworbene Muster der Emotionsregulation*: Welche Gefühle sind überhaupt wahrnehmbar bzw. mir »gestattet«? Für welche Gefühle habe ich Validierung und Resonanz erfahren, für welche nicht? Wozu neige ich im Umgang mit negativen Gefühlen, z. B. Ärger, Angst und Trauer – lebe ich sie (ungebremst) aus, oder verdränge ich sie? Dürfen sie sein, oder werden sie negiert?

Emotionale Reflexe, kulturelle und persönliche Prämissen münden meist in dem Versuch, das Unmögliche doch noch möglich zu machen. Die Suche nach der *richtigen* Lösung im Dilemma zieht innere und äußere Umweltverschmutzung nach sich. Innere Umweltverschmutzung (»Du bringst es nicht, andere schaffen es doch auch«) füttert ebenso wie äußere Umweltverschmutzung (»Der Maier hat doch keine Ahnung«) die eigene Negativität. Beide eröffnen weder Wahlfreiheiten noch Handlungsoptionen.

Dabei zu helfen, unproduktive Reflexe zu verlassen und wieder entscheidungsfähig zu werden, ist uns ein zentrales Anliegen in der Beratung. Ziel ist, vom Automatismus zu einer bewussten und innerlich stimmigen Positionierung zu gelangen, die ohne Selbstabwertung und ohne Abwertung des Gegenübers auskommt. Mögliche Gewinne aufseiten der Betroffenen und hierfür notwendige Beiträge der Beratenden fassen wir abschließend noch einmal in Kapitel 8.1 und 8.2 zusammen. Die dabei verwendeten Zitate stammen aus Interviews, die wir zum Abschluss mit den am Training teilnehmenden Führungskräften geführt haben.

8.1 Das Strukturelle im Persönlichen erkennen und sie voneinander trennen

> »Organisationen und ihre Eigenlogik bilden für die meisten Therapeuten einen blinden Fleck, so dass sie […] nicht mal sehen, dass sie nicht sehen.«
> *Fritz Simon (2007, S. 218)*

Der Nährboden für viele berufliche Zwickmühlen liegt in den organisationalen Widersprüchen, um die herum die jeweilige Organisation aufgebaut ist. Diese zu erkennen und zu entpersonalisieren, ist ein entscheidender Schritt in der Beratung. Die systemische Organisationstheorie hält ein doppeltes Entlastungsangebot bereit: Zum einen macht sie deutlich, dass unauflösbare Widersprüche nicht Ausdruck individuellen Versagens sind. Zum anderen bietet sie produktive Ent-Täuschung: Kein noch so gutes Zeit-, Selbst- und Prozessmanagement wird diese Widersprüche vollständig ausmerzen. Sie kehren in Form unentscheidbarer Fragen immer wieder neu zu den Beteiligten zurück – und stehen damit immer neu zur Entscheidung an. Ein Abteilungsleiter fasst den Nutzen dieser Perspektive für sich so zusammen:

»Es war ein bisschen so, als würde mir der Glaube an den Osterhasen genommen. In meinem klassischen Plandenken bin ich immer davon ausgegangen, es geht in Unternehmen rational und logisch zu. Ich habe immer gedacht, dass sich Reibereien, Konflikte und Probleme – und damit auch Dilemmasituationen – vermeiden lassen durch entsprechende Planung. … Durch das Training habe ich verstanden, dass es inhärent ist …, dass es kein Missgeschick ist oder etwas, das auf mein persönliches Versagen zurückzuführen ist. … Ich saß früher häufiger in Gesprächen, da hieß es: ›Wir machen das jetzt so und so‹ – widerspruchsfrei formuliert. Wenn dann etwas Widersprüchliches auftauchte, dann hieß es: ›Die haben es noch nicht verstanden oder die müssen wir noch etwas einnorden, aber unser Plan, der wird genauso funktionieren.‹ Heute denke ich in solchen Situationen: ›Hey, das gehört dazu. Das ist kein Fehler im System, sondern das ist das System.‹ Diese Entzauberung war heilsam für mich.«

Wer als professioneller Begleiter über ein Mindestmaß an Know-how über das Funktionieren von Organisationen verfügt (vgl. hierzu ausführlicher Zwack u. Pannicke, 2009), widersteht vor allem der Individualisierung von strukturell begründeten Entscheidungskonflikten. Es wird leichter, eine Beobachterposition einzunehmen. Naheliegende interaktionale Abwärtsspiralen können reduziert und Kommunikationsräume erweitert werden:

»Jetzt nach dem Training steigere ich mich nicht mehr so hinein in Dinge wie früher. Früher habe ich mich wahnsinnig aufgeregt, wenn jemand in meinen Augen Unsinniges gemacht hat und stur darauf besteht, ohne es erklären zu können. Zum Beispiel, wenn irgendwelche

Prozessmonster geschaffen wurden, die in der Praxis nur unnötig aufgehalten und keinen Mehrwert geliefert haben. ... Heute versuche ich, zu verstehen, warum mein Gegenüber darauf besteht. ... Bestes Beispiel ist das Controlling. Ich habe früher wiederholt irgendwelche Listen ausfüllen müssen. Der Controller hat immer wieder nachgefragt und ich musste noch mal, noch mal und noch mal dran. Das hat mich gefuchst. Ich habe noch nicht mal verstanden, was der von mir will. Früher habe ich gedacht, der will mich ärgern. Heute ist mir klar, ich bin Ingenieur und er ist Controller und wir sprechen eine unterschiedliche Sprache. Der will mich nicht ärgern, sondern es hat bestimmt einen guten Grund, dass der jetzt so agiert. Der hat eine Erwartung an mich, weil er seine Aufgabe erfüllen muss. Das hat mir geholfen, einen Schritt zurückzutreten und herauszufinden, warum dem anderen das wichtig ist, anstelle auf einem Standpunkt zu bestehen, den ich am Ende sowieso nicht durchkriegen kann. Vielleicht kann ich diese Erwartung auch gar nicht erfüllen. Dann ist es inzwischen so, dass ich den Hörer in die Hand nehme und nachfrage: ›Worum geht es dir?‹ Der Stresspegel ist dann bei mir viel weiter unten.«

Leitgedanken systemischer Organisationstheorie heben sich erfahrungsgemäß deutlich ab von traditionellen Annahmen über organisationales Funktionieren. Auch wenn dies ab und an verstörend anmutet, erscheint uns das damit verbundene Entlastungs- und Mobilisierungspotenzial groß.

8.2 Die Vorzüge der Unentscheidbarkeit nutzen: entscheiden!

So unausweichlich Widersprüche in Organisationen sind, so sehr gehört die objektive Unentscheidbarkeit zu jeder echten Entscheidungssituation. In der Beratung impliziert dies einen Wechsel der Suchrichtung – von der richtigen zur verantworteten Entscheidung. Erfahrungsgemäß ist auch diese Ent-Täuschung heilsam: Wenn klar ist, dass ich *entscheiden* muss, dass es innerhalb der Organisation nur weitergehen kann, *wenn* ich entscheide, dann kann ich auch entscheiden. Wo ich bereit bin, meine Entscheidung persönlich zu verantworten, verliere ich weniger Zeit mit der Suche nach objektivierbarer Legitimation. Auch dies eröffnet Spielräume. Ich kann entscheiden, abzuwarten, zu handeln, mich hin- oder abwenden:

»Ich wusste bisher nicht, wie ich mich gegenüber meinen Mitarbeitern verhalten soll. Ich sollte mit ihnen Ziele vereinbaren, hatte aber selbst keine Ziele vorgegeben und alle meine Versuche, eine Vorgabe für mich selbst von meinen Vorgesetzten zu bekommen, scheiterten. Darüber habe ich mich total geärgert und fühlte mich schachmatt gesetzt. Heute habe ich akzeptiert, dass ich von der Führungsriege in der jetzigen Situation vermutlich keine Ziele bekommen werde. Ich warte jetzt nicht mehr darauf, dass da etwas kommt. … Ich rede jetzt mit meinen Mitarbeitern. Ich treffe mich regelmäßig mit denen. Im Prinzip mache ich es jetzt so, wie ich es mir wünschen würde und wie es meinem Verständnis von guter Mitarbeiterführung entspricht. Das habe ich verstanden: Nicht warten, sondern die volle Verantwortung übernehmen und handeln.«

»Heute fühle ich mich viel mehr als Herr meiner Entscheidungen. Früher habe ich mich zerrissen. Vor allem, wenn ich Antworten von Nachbarabteilungen nicht bekommen habe, die ich aber gefühlt brauchte, um selbst handeln und Antworten geben zu können. Das mache ich heute anders. Ich lasse es heute auch mal bewusst laufen und schaue, wie es sich entwickelt. Durch dieses bewusste Abwarten wird meist die Schärfe aus der Situation genommen. Das heißt nicht, dass ich mich raushalte. Ich halte durchaus den Druck aufrecht und sage denen: ›Ich brauche da was von euch‹, aber ich lasse mich innerlich davon nicht mehr auffressen.«

Entscheidungen haben Auswirkungen. Sie sind nicht nur zu treffen, sondern auch zu vertreten. In Verbindung mit den skizzierten entdämonisierenden Gesprächsstrategien kann eine systemtheoretisch fundierte Desillusionierung auch dazu ermutigen, bislang gänzlich ungenutzte Kommunikationsräume zu erschließen:

»Ich provoziere heute mehr und gehe offensiver auf meine Vorgesetzten zu. In meiner früheren Vorstellung war Provozieren lebensgefährlich. Gehe ich einen Schritt zu weit, breche ich im Eis ein und werde gekillt und rausgeschmissen. Jetzt, in dem Bewusstsein, dass Widersprüche der Normalfall sind, kann ich auch mal widersprechen, meine Bedenken offen mitteilen und auf Auswirkungen von Entscheidungen hinweisen. Ich mache das in dem Bewusstsein, dass ich versuche, meinen Beitrag zu leisten zu dem gemeinsamen Ziel, und dass der Vorgesetzte ja die Dinge nur aus seiner Brille sehen kann.«

8.3 Ambivalenz mögen – Gefühle aushalten, erkunden und nutzen

> »[…] und ich möchte Sie, so gut ich es kann, bitten,
> Geduld zu haben gegen alles Ungelöste in Ihrem
> Herzen und zu versuchen, die Fragen selbst lieb zu
> haben […]. Leben Sie jetzt die Fragen. Vielleicht
> leben Sie dann allmählich, ohne es zu merken,
> eines fernen Tages in die Antworten hinein.«
> *Rainer Maria Rilke* (1903)

Wer mit Dilemmata bewusst umgehen will, braucht ein gehöriges Maß an Ambiguitätstoleranz. Jede getroffene Entscheidung bleibt selbst bei sorgfältigstem Abwägen ein mit Preisen verbundener Schritt, der sich im Nachhinein als ungut erweisen kann. Es liegt nahe, sich vom Entscheidungs- und Handlungsdruck anstecken zu lassen und über rationale Abwägungsprozesse zu einer Lösung zu gelangen. In der Regel mündet dies in eine Sackgasse, denn: »Kaufe« ich den Bezugsrahmen des Klienten, arbeite also mit seinen Prämissen, gerate ich in dieselbe Ausweglosigkeit (»Schöne Idee, geht aber bei uns nicht, weil …«). Stelle ich seine Prämissen infrage (»Für wie wahrscheinlich halten Sie es, dass Ihre Vorgesetzte Sie tatsächlich abmahnt, wenn die Dokumentation unerledigt bleibt?«), kann dies als Verrat empfunden werden (»So einfach, wie Sie sich das vorstellen, geht das nicht«). Die Arbeit mit Dilemmata erfordert deshalb ein erhebliches Maß an »*Halte*«-Kompetenz. Im Zentrum steht die Bereitschaft, Ambiguität, unauflösbare Mehrdeutigkeit zu bejahen, »ruhig bei ihr [zu] verweilen und [zu] sehen, was sie Ihnen zu sagen hat« (Wilson, 2014, S. 36 ff.).

Die auf diese Weise zu hebenden Informationen, Werte, Richtungsimpulse entstammen mehrheitlich dem emotionalen Erfahrungswissen und/oder Primärgefühlen. Es gilt deshalb, eine Beobachterposition gegenüber den (emotionalen) Erstreflexen aufzubauen und sich achtsam den persönlichen Imperativen und kulturellen Spielregeln der Organisation zuzuwenden. In einem verlangsamenden (!) Prozess besteht die wesentliche Hilfe oft darin, Erleben zu differenzieren, Sekundärgefühle von dahinterliegenden Primärgefühlen zu unterscheiden, die Stimmigkeit von Optionen unter Einbindung von Körperresonanzen zu prüfen, Werte aufzudecken – und immer wieder neu Ambiguität auszuhalten. Gelingt dies, eröffnen sich oft bewegende Einsichten: »Im Zentrum der Ambiguität gibt es Dinge, die man nirgends sonst beobachten kann«, schreibt Kelly Wilson (2014, S. 36). Dem können wir nur zustimmen.

8.4 Zu guter Letzt – die Dialektik der Dilemmaarbeit

Die in diesem Buch beschriebenen Strategien und Interventionen folgen einer gewissen Dialektik. Da ist zum einen die Botschaft: Nimm das Dilemma nicht *persönlich* – gefolgt von der Einladung, sich auf die Suche nach einem *persönlich* verantwortbaren Standpunkt zu machen und diesen auch als *Person* zu vertreten. Für uns sind dies zwei Seiten einer Medaille. Wer das Strukturelle persönlich nimmt, läuft Gefahr, sich in Rechtfertigung, Rückzug oder organisationalen Grabenkämpfen zu verlieren. Damit bleiben genau die persönlichen und kollektiven Handlungsspielräume ungenutzt, auf die es uns wesentlich ankommt. Wir schließen dieses kleine Buch über den Umgang mit unauflösbaren Widersprüchen deshalb mit der nur scheinbar widersprüchlichen Aufforderung: Nimm das Dilemma nicht persönlich – es kommt auf dich an!

Am Ende

9 Literatur

Auszra, L., Herrman, I., Greenberg, L. (2016). Emotionsfokussierte Therapie. Ein Praxismanual. Göttingen: Hogrefe.
Bateson, G. (1972). Steps to an Ecology of the Mind. New York: Ballentine Books.
Bossmann, U., Ditzen, B., Schweitzer, J. (2016). Organizational stress and dilemma management in mid-level industrial executives: An exploratory study. Mental Health & Prevention, 4 (1), 9–18.
Brach, T. (2004). Radical Acceptance: Embracing Your Life With the Heart of a Buddha. New York: Bantam Books.
Byung-Chul, H. (2016). Die Austreibung des Anderen: Gesellschaft, Wahrnehmung und Kommunikation heute. Frankfurt a. M.: S. Fischer.
Damasio, A. (1994). Descartes' Irrtum: Fühlen, Denken und das menschliche Gehirn. München: List.
Dietz, I., Dietz, T. (2008). Selbst in Führung. Achtsam die Innenwelt meistern. Paderborn: Junfermann.
Foerster, H. von, Pörksen, B. (2003). Wahrheit ist die Erfindung eines Lügners. Gespräche für Skeptiker. Heidelberg: Carl Auer.
Frankl, V. (2006). Der Mensch vor der Frage nach dem Sinn. München: Piper.
Gendlin, E. (2012). Focusing-orientierte Psychotherapie – Ein Handbuch der erlebensbezogenen Methode. Stuttgart: Klett-Cotta.
Gendlin, E., Wiltschko, J. (2007). Focusing in der Praxis. Eine schulenübergreifende Methode für Psychotherapie und Alltag. Stuttgart: Pfeiffer bei Klett-Cotta.
Germer, C. (2015). Der achtsame Weg zum Selbstmitgefühl: Wie man sich von destruktiven Gedanken und Gefühlen befreit. Freiburg: Arbor.
Grawe, K. (2004). Neuropsychotherapie. Göttingen: Hogrefe.
Greenberg, L. (2015) Emotion-focused Therapy: Coaching Clients to Work Through Their Feelings. Washington D.C.: APA.
Greenberg, L. (2016). Emotionsfokussierte Therapie. München u. Basel: Ernst Reinhardt Verlag.
Hayes, S. C. (2005). Get out of your mind and into your life. Oakland: New Harbiger.
Hayes, S. C., Masuda, A., De Mey, H. (2003). Acceptance and Commitment Therapy and the third wave of behavior therapy. Gedragstherapie (Dutch Journal of Behavior Therapy), 2, 69–96.

Kahler, T., Capers, H. (1974). The Miniscript. Transactional Analysis Journal, 4 (1), 26–34.

Krause, A., Dorsemagen, C., Stadlinger, J., Baeriswyl, S. (2012). Indirekte Steuerung und interessierte Selbstgefährdung: Ergebnisse aus Befragungen und Fallstudien. Konsequenzen für das Betriebliche Gesundheitsmanagement. In B. Badura, A. Ducki, H. Schröder, J. Klose, M. Meyer (Hrsg.), Fehlzeiten-Report 2012. Gesundheit in der flexiblen Arbeitswelt: Chancen nutzen – Risiken minimieren (S. 191–202). Berlin: Springer.

Luhmann, N. (2000). Organisation und Entscheidung. Opladen u. Wiesbaden: Westdeutscher Verlag.

Luoma, B., Hayes, S. C., Walser, R. D. (2009). ACT-Training. Handbuch der Acceptance & Commitment Therapie. Paderborn: Junfermann.

Neff, K. (2012). Selbstmitgefühl: Wie wir uns mit unseren Schwächen versöhnen und uns selbst der beste Freund werden. München: Kailash.

Neff, K. (2014). Selbstmitgefühl – Schritt für Schritt. Freiburg: Arbor.

Renn, K. (2006). Dein Körper sagt dir, wer du werden kannst. Focusing – Wege der inneren Achtsamkeit. Freiburg: Herder.

Rilke, R. M. (1903). Briefe an einen jungen Dichter. Brief vom 16. Juli 1903 an Franz Xaver Kappus. Zugriff am 29.05.2017 unter http://www.rilke.de/briefe/160703.htm

Rosa, H. (2005). Beschleunigung. Die Veränderung der Zeitstrukturen in der Moderne. Frankfurt a. M.: Suhrkamp.

Rosenberg, M. B. (2003). Gewaltfreie Kommunikation: Eine Sprache des Lebens. Paderborn: Junfermann.

Schlippe, A. von, Schweitzer, J. (2017). Systemische Interventionen (3. Aufl.). Göttingen: Vandenhoeck & Ruprecht.

Schmid, B. (2008). Wenn der Coach in der Zwickmühle steckt. Über den Umgang mit Dilemmata. Coaching Magazin, 1, 13–17.

Schmidt, B., Hipp, J. (2001). Antreiber-Dynamiken – Persönliche Inszenierungsstile und Coaching. Zeitschrift für systemische Therapie, 4 (1), 82–92.

Schmid, B., Jäger, K. (1986). Zwickmühlen oder: Wege aus dem Dilemmazirkel. Zeitschrift für Transaktionsanalyse, 3 (1), 5–16.

Schweitzer, J., Bossmann, U., Zwack, J., Hunger Schoppe, C. (2016). Konfliktsituationen im Coaching. Psychotherapeut, 61 (2), 110–117.

Simon, F. B. (2004). Gemeinsam sind wir blöd!? Die Intelligenz von Unternehmen, Managern und Märkten. Heidelberg: Carl Auer.

Simon, F. B. (2007). Psychotherapeuten als Coaches und Organisationsberater: Was sie lernen sollten. Psychotherapie im Dialog (PiD), 7, 217–222.

Simon, F. B. (2009). Einführung in die systemische Organisationstheorie. Heidelberg: Carl Auer.
Simon, F. B. (2013). Wenn rechts links ist und links rechts. Paradoxiemanagement in Familie, Wirtschaft und Politik. Heidelberg: Carl Auer.
Storch, M. (2016). Machen Sie doch, was Sie wollen! Wie ein Strudelwurm den Weg zu Zufriedenheit und Freiheit zeigt. Göttingen: Hogrefe.
Varga von Kibed, M., Sparrer, I. (2016). Ganz im Gegenteil: Tetralemmaarbeit und andere Grundformen systemischer Strukturaufstellungen – für Querdenker und solche, die es werden wollen. Heidelberg: Carl Auer.
Vollmer, L. (2016). Zurück an die Arbeit – Back To Business: Wie aus Business-Theatern wieder echte Unternehmen werden – wertschöpfend und erfolgreich. Das neue wegweisende Management-Buch. Wien: Linde Verlag.
Weiss, H., Harrer, M., Dietz, T. (2016). Das Achtsamkeits-Übungsbuch: Für Beruf und Alltag. Stuttgart: Klett-Cotta.
Wilson, K. G. (2014). Achtsamkeit für zwei. Die therapeutische Interaktion im Rahmen der Akzeptanz- und Commitment-Therapie. Bern: Huber.
Zwack, J. (2014). Resilienz im Beruf – Strategien für einen nachhaltigen Umgang mit organisationalen Wirklichkeiten. Systeme, 28 (1), 47–76.
Zwack, J., Bossmann, U., Schweitzer, J. (2016). Navigieren im Dilemma. Landkarten für die gesunde (Selbst-)Führung. In M. Hänsel, K. Kaz (Hrsg.), CSR und gesunde Führung. Werteorientierte Unternehmensführung und organisationale Resilienzsteigerung (S. 137–152). Heidelberg: Springer.
Zwack, J., Nöst, S., Schweitzer, J. (2009). Zeitdruck im Krankenhaus. Arzt und Krankenhaus (3), 68–75.
Zwack, J., Pannicke, D. (2009). Surviving the Organisation. Einige Landkarten zur Navigation im ganz normalen organisationalen Wahnsinn. In A. Schreyögg, C. Schmidt-Lellek (Hrsg.), Die Organisation in Supervision und Coaching (S. 111–125). Wiesbaden: Verlag für Sozialwissenschaften.

10 Danksagung

Dieses Büchlein wäre nicht möglich ohne die Bereitschaft von zahlreichen Mitarbeitern und Mitarbeiterinnen sowie Führungskräften, ihre alltäglichen Dilemmata mit uns zu teilen. Ihnen allen danken wir für die Ernsthaftigkeit und Offenheit, mit der sie sich mit von uns angebotenen Landkarten und Interventionen auseinandergesetzt haben. Besonderer Dank gilt Jochen Schweitzer als Leiter der Sektion Medizinische Organisationspsychologie am Uniklinikum Heidelberg für die Möglichkeit, seit vielen Jahren in großer Selbstbestimmung angewandte Forschung betreiben zu dürfen. Sein Rückhalt ermöglicht es uns, das Thema praxisorientiert, empirisch und theoretisch in seiner Tiefe auszuloten und dies auch weiterhin zu tun.

11 Die Autorinnen

Dr. *Julika Zwack,* Diplom-Psychologin, Psychologische Psychotherapeutin, ist in Heidelberg in eigener Praxis als Supervisorin und Coach und als Lehrtherapeutin am Helm Stierlin Institut tätig. Neben ihrer selbständigen Tätigkeit ist sie Mitarbeiterin der Sektion Medizinische Organisationspsychologie am Universitätsklinikum Heidelberg. In unterschiedlichsten Branchen und Hierarchieebenen ist die Identifikation von Praktiken gelingender Berufsausübung unter anspruchsvollen Rahmenbedingungen zentraler Gegenstand ihrer Beratungsarbeit. Aktuelle Weiterbildungsschwerpunkte sind: Resilienzförderung und Burnoutprävention im Beruf, Systemische Führung, emotions- und körperorientierte Prozesse in der systemischen Therapie. Sie hat zahlreiche Publikationen in den Bereichen Burnoutprävention und Resilienzförderung, Teamsupervision und Systemische Beratung/Therapie veröffentlicht.

Ulrike Bossmann ist Diplom-Psychologin, Diplom-Betriebswirtin (BA), Systemische Therapeutin, Beraterin und Coach. Schwerpunkt ihrer selbstständigen Tätigkeit bildet die Begleitung von individuellen und betrieblichen Entwicklungsprozessen. Sie ist spezialisiert auf das Coaching von Führungskräften aller Hierarchieebenen in Profit- und

Non-Profitorganisationen und bietet insbesondere zu den Themen Burnoutprophylaxe, Resilienzförderung und Gesunder Führung Weiterbildungen an. In ihrem im März 2017 neu gegründeten Online-Business »soulsweet« verbindet sie ihre Expertise als systemischer Coach mit Erkenntnissen der Positiven Psychologie und ihrer eigenen Forschungstätigkeit zur Resilienz im Berufsalltag. Ihr Anliegen ist es, Menschen dabei zu unterstützen, mentale Stärke zu entwickeln und ein erfülltes Leben zu gestalten. Neben ihrer selbständigen Tätigkeit ist sie Mitarbeiterin der Sektion Medizinische Organisationspsychologie am Universitätsklinikum Heidelberg und promoviert dort über die konstruktive und gesundheitsförderliche Bewältigung beruflicher Dilemmata. Im Zusammenhang mit den inhaltlichen Schwerpunkten ihrer Tätigkeit sind von ihr verschiedene Publikationen zur gesunden Selbstführung von Führungskräften und dem Demografie- und Dilemmamanagement erschienen.